ACTUALITÉS DU DROIT PUBLIC AFRICAIN

Ibrahima Diallo

ACTUALITÉS DU DROIT PUBLIC AFRICAIN

Sénégal
L'Harmattan

10 VDN, Sicap Amitié 3, Lotissement Cité Police, DAKAR

http://www.senharmattan.com
direction@senharmattan.com
commandes@senharmattan.com

ISBN : 978-2-336-40323-6
EAN: 9782336403236

SOMMAIRE

INTRODUCTION GÉNÉRALE

Notre réflexion s'inscrit dans la problématique des mutations du droit public africain à travers trois disciples essentielles notamment le Droit constitutionnel, le Droit administratif et les Finances publiques.

En droit constitutionnel, la réflexion porte sur la recherche d'un modèle africain de justice constitutionnelle. Cette analyse a pour ambition de contribuer au développement de la théorie constitutionnelle en Afrique dans une perspective de droit comparé. En droit constitutionnel comparé, on oppose traditionnellement deux systèmes en qualité de modèles : le modèle américain et le modèle européen. Pourquoi deux modèles ? Devant la difficulté de transposition du modèle américain, les pays européens ont adopté un autre système ne reposant pas sur l'exercice de la justice constitutionnelle par les juges ordinaires, mais confiant celle-ci à une juridiction spécialement constituée à cet effet.

Avec l'évolution actuelle de la justice constitutionnelle dans le monde et en Afrique en particulier, on peut se demander si cette systématisation dualiste des modèles, est ou non acceptable ? En d'autres termes, existe-t-il un modèle africain de justice constitutionnelle ?

En droit administratif, l'analyse porte sur l'exception d'illégalité dans le système judiciaire sénégalais. C'est dans le contexte de pénétration du champ administratif par le juge de droit privé que s'inscrit cette étude sur les évolutions récentes du droit administratif notamment une réflexion sur l'exception d'illégalité dans le système judiciaire sénégalais.

Cette réflexion pose la problématique des compétences à l'égard des questions d'appréciation de la légalité des actes administratifs devant les juridictions sénégalaises. Dans ce contexte sénégalais, la question est de savoir si la coexistence du droit administratif et du droit privé (par l'intervention des juges de droit privé) constitue une source d'enrichissement ou une menace pour le maintien de l'autonomie du premier.

Dès lors, une interrogation s'impose : l'appréciation de la légalité des actes administratifs par le juge de droit privé risque-t-elle de faire évoluer le droit administratif vers une certaine banalisation qui le rapprocherait du droit privé ou vers une accentuation de son autonomie vis-à-vis des autres branches du droit ?

L'importance de cette question se justifie si l'on sait que l'avenir du droit administratif dépend d'un certain nombre de paramètres parmi lesquels la spécialisation du juge constitue une dimension indispensable.

En finances publiques, la contribution s'est orientée sur une appréciation concrète des pouvoirs du parlement sénégalais en matière budgétaire.

Aujourd'hui, les pouvoirs financiers du parlement ont été considérablement restreints et le contrôle qu'il exerce sur les finances publiques tend à devenir de plus en plus théorique. D'où l'intérêt d'aborder ces questions en vue de revisiter les outils et techniques budgétaires au regard du système juridico-politique sénégalais. Cette réflexion porte sur les pouvoirs du parlement sénégalais en matière budgétaire et l'analyse a pour vocation de contribuer à l'étude des finances publiques sénégalaises qui occupe encore une place un peu marginale dans la doctrine. Pourtant la connaissance des institutions financières et fiscales revêt en elle-même une importance incontestable car elle projette un éclairage irremplaçable sur l'ensemble des appareils publics, tout autant sur le pouvoir politique que sur l'administration.

PREMIÈRE PARTIE

À LA RECHERCHE D'UN MODÈLE AFRICAIN DE JUSTICE CONSTITUTIONNELLE

L'apparition des juridictions constitutionnelles est conçue aujourd'hui comme une véritable révolution juridique. L'un des phénomènes majeurs qu'a connu le droit constitutionnel des 40 dernières années est certainement le développement de la justice constitutionnelle. Longtemps « spécialité américaine » la justice constitutionnelle s'est répandue en Europe après la Seconde Guerre mondiale, et a également conquis d'autres continents, comme l'Afrique à partir des années soixante. Pratiquement tous les États qui ont accédé à l'indépendance ont été dotés d'une telle institution. Le problème est que les pays occidentaux ont exporté un modèle qu'ils n'avaient pas d'eux-mêmes expérimenté. Et d'une manière générale, la transposition des divers systèmes en Afrique s'est opérée sans qu'aient été véritablement étudiées et connues les expériences faites en ce domaine. Ce n'est que tardivement, que l'on mesure en France ce que peut être le modèle européen de justice constitutionnelle. Seul le modèle américain était connu[1]. Cette absence de réflexion et d'approfondissement à propos de la justice constitutionnelle a certainement été une des causes de la

[1] Favoreu, L., Brèves réflexions sur la justice constitutionnelle en Afrique, in Les cours suprêmes en Afrique, II : La jurisprudence, Paris, Economica, 1989.

mauvaise adaptation de cette institution en Afrique[2]. Au moment où de nouvelles constitutions ont été établies en Afrique, ce que l'on peut appeler l'ingénierie constitutionnelle française ou européenne était assez peu au point[3]. La fausse image d'une justice constitutionnelle assimilée à un gouvernement des juges a longtemps prévalu quel que soit le modèle adopté et a contribué à rendre plus difficile encore l'implantation de l'Institution[4].

Les États africains dans leur majorité ont connu à partir des années 90 des changements politiques qui ont bouleversé leurs architectures institutionnelles et politiques au point de justifier une lecture sous le paradigme de la démocratisation[5]. Aujourd'hui, nous assistons à un renouveau du droit constitutionnel grâce notamment aux juridictions constitutionnelles. Dans cette dynamique, l'Afrique sans verser dans le mimétisme va s'engager dans la recherche de voie adaptée pour asseoir une construction constitutionnelle originale. En effet, de nombreux organes chargés d'exercer le rôle de contre-pouvoirs ont été mis en place afin de garantir dans les nouveaux systèmes une stabilité juridico-politique. C'est dans cette perspective qu'il faut situer l'émergence de la problématique de la justice constitutionnelle en Afrique. Cette nouvelle problématique traduit d'une certaine manière l'intérêt des juridictions constitutionnelles dans la dynamique institutionnelle en Afrique en ramenant au cœur du débat

---

[2] Moderne, F., Les juridictions constitutionnelles en Afrique, in Cours suprêmes en Afrique II : La jurisprudence, Paris, Economica, 1989.

[3] Torcol, S., Les mutations du constitutionnalisme à l'épreuve de la construction européenne, Essai critique sur l'ingénierie constitutionnelle, Université de Toulon, Thèse soutenue en 2002.

[4] Favoreu, L., *op. cit.*

[5] Issa Abdourahmane, B., Les cours constitutionnelles dans le processus de démocratisation en Afrique, Thèse soutenue à Bordeaux en octobre 2002.

politique l'idée de la constitution et son importance dans la mise en place de l'État de droit[6].

La nature du régime politique et l'ordonnancement constitutionnel ont été, au cours des dernières années au centre des débats politiques en Afrique. Le souvenir des turpitudes de trois décennies d'exercice autoritaire du pouvoir a conduit les forces du changement, à prêter une attention plus soutenue à l'élaboration des nouvelles règles constitutionnelles. Un peu partout en Afrique, et quel que soit le mode de transition utilisé, l'objectif était le même : créer les conditions d'une suprématie de la Constitution, garante d'un nouvel équilibre des pouvoirs et de l'instauration de l'État de Droit. La Constitution, désormais considérée comme le dernier rempart contre les dérives « présidentialistes » de naguère devait permettre d'assurer le respect des libertés fondamentales et le bon fonctionnement du pluralisme retrouvé[7].

Ainsi, l'aube des années 90 va être le théâtre de bouleversements socio-politiques qui vont insuffler une nouvelle dynamique constitutionnelle dont l'importance surprend encore l'ampleur des mutations opérées. Parmi celles-ci, la métamorphose de la justice constitutionnelle semble mériter une attention particulière[8]. Ce qui justifie d'ailleurs l'intérêt porté à la problématique de la justice constitutionnelle en Afrique.

---

[6] DE GAUDUSSON, J., Réflexions sur les nouveaux développements du constitutionnalisme en Afrique, in L'Afrique subsaharienne : Récente société et développement, paris, 1993, p. 179-197.

[7] Bourgi, A., l'évolution du constitutionnalisme en Afrique : du formalisme à l'effectivité, RFDC, n° 52, p. 740 et s.

[8] N'diaye, A., La nouvelle juridiction constitutionnelle en Afrique noire francophone et la construction de l'État de droit, exemples du Gabon et du Sénégal, Thèse soutenue à Montpellier en décembre 2003.

Notre réflexion porte sur la recherche d'un modèle africain de justice constitutionnelle. Cette analyse a pour ambition de contribuer au développement de la théorie constitutionnelle en Afrique dans une perspective de droit comparé.

Quel que soit le système constitutionnel et politique dans lequel elle s'insère, la justice constitutionnelle est utile sinon nécessaire car elle donne la possibilité d'instituer progressivement, par la voie du droit, un contre-pouvoir de nature à contrebalancer une majorité trop forte et elle peut faire apparaître une séparation des pouvoirs[9].

Pour le doyen Louis Favoreu l'expression justice constitutionnelle désigne « l'ensemble des institutions et techniques grâce auxquelles est assurée sans restrictions, la suprématie de la constitution »[10]. Il s'agit d'une première définition qui demande à être affinée et précisée mais est susceptible de fournir un point de départ. Il est difficile de déterminer exactement quand apparaît cette notion mais on notera que Hans Kelsen et Charles Eisenmann l'utilisent dès 1928 avec le sens qu'on lui connaît aujourd'hui. Pour Hans Kelsen, la justice constitutionnelle c'est la garantie juridictionnelle de la constitution[11]. Le professeur Charles Eisenmann donne une première définition simple, aux termes de laquelle la justice constitutionnelle est cette sorte de justice ou mieux de juridiction qui porte sur les lois constitutionnelles[12]. Il complétera cette première définition en distinguant justice constitutionnelle et juridiction constitutionnelle, la seconde étant l'organe par lequel s'exerce la première, et en dégageant

---

[9] Favoreu, L., Brèves réflexions sur la justice constitutionnelle en Afrique, in Les Cours suprêmes en Afrique II : La jurisprudence, Paris, Economica, 1989.

[10] Favoreu L., et alii, Droit constitutionnel, Dalloz, Paris, 1999, p. 185.

[11] Kelsen, H., la garantie juridictionnelle de la constitution, RDP, Paris, 1928, p. 197-285.

[12] Eisenmann, C., La justice constitutionnelle et la haute Cour constitutionnelle d'Autriche, Paris, 1928 rééd. PUAM et Economica, 1986.

ensuite le sens juridique de la justice constitutionnelle. Le sens juridique de la justice constitutionnelle est donc en dernière analyse de garantir la répartition de la compétence entre législations ordinaires et législations constitutionnelles, d'assurer le respect de la compétence du système des règles ou de l'organe suprême de l'ordre étatique. Cela nous paraît être l'élément décisif permettant de déceler l'existence de la justice constitutionnelle.

Mais à la suite du professeur Francisco Rubio LLorente[13], nous pouvons retenir deux conceptions de la justice constitutionnelle. Une conception subjective selon laquelle la juridiction constitutionnelle est celle qu'exercent les cours constitutionnelles quelle que soit la nature des affaires examinées par elles[14]. Une conception matérielle qui identifie juridiction constitutionnelle et contrôle juridictionnel de la constitutionnalité. Cette orientation de la juridiction constitutionnelle présente un certain nombre d'avantages appréciables. D'une part, elle englobe les différentes formes imaginables de juridiction constitutionnelle et d'autre part, elle permet d'apprécier clairement la différence existant entre les systèmes qui ont seulement pour objet d'assurer la constitutionnalité du texte législatif et ceux qui aspirent à garantir aussi la constitutionnalité de l'application de la loi, quelle que soit la voie empruntée pour mettre en œuvre cette garantie[15].

Nous adoptons une conception large de la juridiction constitutionnelle entendue comme l'ensemble de l'activité des pouvoirs publics au regard de la constitution, c'est à

---

[13] Rubio LLorente, F., Tendances actuelles de la juridiction constitutionnelle en Europe, AIJC, 1996, p. 13.

[14] Le contrôle de constitutionnalité des lois, sous ces diverses formes, mais aussi, souvent, par exemple le contrôle de la régularité des élections, le contentieux électoral, y compris, à l'occasion, le jugement pénal des hauts responsables politiques.

[15] Rubio Lloriente, *op. cit.*

dire, celle qui a pour fonction d'assurer la constitutionnalité de l'ensemble des activités des pouvoirs publics.

L'idée de modèle de justice constitutionnelle suppose à la fois une production identifiée et des phénomènes de diffusion, de valorisation différenciée et de mise en concurrence. Qui dit modèle de justice constitutionnelle implique l'existence de flux d'échanges significatifs et de capacités variables d'érection, de constructions théoriques ou pratiques en référents communs[16]. Le plus souvent cependant, le terme de modèle de justice constitutionnelle fera référence à la fois en méthodologie à une représentation construite, plus ou moins abstraite, d'une réalité juridique et dans les pratiques juridiques, à une réalité ou image exemplaire que l'on s'efforce de reproduire[17].

Dans le langage juridique strict le mot de modèle renvoie à une « œuvre législative dont la valeur exemplaire fait une source d'inspiration en législation comparée »[18]. Dans une approche de recherche juridique, la question de modèle de justice constitutionnelle peut être intimement liée à une interrogation sur les possibilités, conditions et limites de transfert de normes juridiques d'un système juridique à un autre.

Le modèle de justice constitutionnelle renvoie ainsi plus ou moins explicitement à une forme de référence ou à une construction instrumentale ou idéelle susceptible d'être répliquée telle quelle pour faciliter la gestion et la transformation des organisations politiques et juridiques. La notion de modèle intègre ainsi une multitude de pratiques juridiques qui tendent à ériger une forme juridique objective ou imaginaire en forme exemplaire. Les efforts de définition

---

[16] Boudon, R., *Dictionnaire de sociologie*, Encyclopédiae Universalis, A. Michel, 1998, 553-555).

[17] Ansart, P., *Dictionnaire de sociologie*, Paris, Le Robert/Le Seuil, 1999, 348-349).

[18] G. Cornu, Vocabulaire juridique, PUF 1987.

nous renvoient du sens commun qui définit le modèle par sa double qualité de référence et d'objet destiné à la réplication se rapprochant ainsi de l'origine étymologique du terme modèle qui constitue selon Le Robert une « figure destinée à être reproduite ».

En définitive, la notion de modèle renvoie également à la notion de construction idéal-type au sens webérien du terme. Ainsi, la notion de modèle de justice constitutionnelle renvoie à une construction idéal-type qui est un outil d'investigation qui permet de définir un phénomène juridique par ses caractères les plus généraux observables dans tous les types de société[19]. L'idéal- type est un modèle, une construction intellectuelle qui permet d'extraire de la réalité empirique certains traits caractéristiques. C'est un outil qui permet d'utiliser des concepts simples pour pouvoir appréhender une réalité juridique complexe et multiforme. Le modèle africain de justice constitutionnelle exprimé en qualité d'idéal-type est un moyen de la connaissance obtenu à partir de l'accentuation de un ou plusieurs points de vue et en enchaînant une multitude de phénomènes donnés isolément, diffus et discret, que l'on trouve tantôt en grand nombre, tantôt en petit nombre, qu'on ordonne pour former un tableau de pensée homogène. En définitive, le modèle idéal-type est un tableau de pensée qui n'a d'autre signification que celle d'un concept limite purement idéal, auquel on mesure la réalité pour clarifier le contenu empirique de certains de ses éléments importants, et avec lequel on la compare[20]. Ces concepts sont des images dans lesquelles nous construisons des relations, en utilisant la catégorie objective que notre imagination, formée et orientée d'après la réalité, jugée comme adéquate[21].

---

[19] Michel Coutu, Max Weber et les rationalités du droit, LGDJ, 1995.

[20] Max Weber, Essais sur la théorie de la science, Presses – Pocket, 1965.

[21] Max Weber, Essais sur la théorie de la science, *op. cit.*

En droit constitutionnel comparé, on oppose traditionnellement deux systèmes en qualité de modèles : le modèle américain et le modèle européen[22]. Pourquoi deux modèles ? À cette question, la doctrine[23] estime que le système américain fonctionnant depuis le début XIXe siècle ne pouvait être repris dans l'ensemble des autres pays. Même s'il y a quelques initiatives de reprises dans certains pays comme la Norvège ou la Grèce[24], les tentatives ont échoué en France, en Allemagne ou en Italie entre les deux guerres en raison des conceptions très différentes de la séparation des pouvoirs et de structures de l'appareil juridictionnel. Devant cette difficulté de transposition du modèle américain, les pays européens ont adopté un autre système ne reposant pas sur l'exercice de la justice constitutionnelle par les juges ordinaires, mais confiant celui-ci à une juridiction spécialement constituée à cet effet.

Avec l'évolution actuelle de la justice constitutionnelle dans le monde et en Afrique en particulier, on peut se demander si cette systématisation dualiste des modèles, est ou non acceptable ? En d'autres termes, existe-il un modèle africain de justice constitutionnelle ou est-il prématuré de parler de modèle de justice constitutionnelle en Afrique ?

La pertinence de cette interrogation trouve sa justification non seulement dans l'évolution de la justice constitutionnelle en Afrique mais aussi du point de vue doctrinal.

Du point de vue de l'évolution de la justice constitutionnelle en Afrique, il faut se rappeler que les premières juridictions constitutionnelles des pays africains tirent leur origine du contexte des réformes constitutionnelles inaugurées

---

[22] Voir le Précis de droit constitutionnel du doyen Favoreu et Alii, Dalloz, 2002, p. 188.

[23] Précis de droit constitutionnel, *op. cit.*, p. 189.

[24] Mais pour ces pays, il était exclu que les juges ordinaires puissent vérifier la constitutionnalité des lois.

à la fin de la seconde guerre mondiale dans les colonies. Ces dernières n'offraient pas de cadre institutionnel propice à l'émergence d'un contentieux constitutionnel pour diverses raisons. La première tient essentiellement au fait que ces territoires étaient dépourvus de la qualité même de l'État au sens d'organisation politique souveraine dotée d'institutions politiques et juridiques. Deuxièmement, l'appartenance de ces territoires au domaine de souveraineté de l'État français n'a pas elle non plus permit un essor du contentieux constitutionnel, par voie de prolongement, de la métropole vers les colonies[25]. La France, elle-même, n'a prévu le mécanisme de contrôle de constitutionnalité que plus tard à travers la Constitution du 4 octobre 1958. Enfin, la gestion des colonies relevait moins de la loi que du pouvoir exécutif dont le contentieux des actes relèvent de la compétence du juge administratif[26]. Donc, les premières juridictions constitutionnelles datent de la période de la communauté, ensemble politico- juridique que la Constitution française de 1958 avait organisé en vue de préparer les territoires d'outre-mer à l'indépendance. Une fois l'indépendance acquise, ces institutions furent maintenues ou introduites dans les nouvelles chartes constitutionnelles.

Dans ce contexte, les juridictions constitutionnelles ont eu un faible impact dans les systèmes politiques avec une production jurisprudentielle négligeable. Ce qui fera dire au professeur Gérard Conac que le juge constitutionnel africain se trouve dans une situation de grande dépendance à l'égard du chef de l'État avec un statut précaire qui ne lui permet

---

[25] Issa Abdourahmane, B., *op. cit.*, p. 47.

[26] Ordonneau, P., Problèmes posés par l'indépendance des nouveaux états africains et malgaches sur le plan du contentieux administratif, Revue juridique et politique d'Outre-Mer, n° 4, octobre-décembre, 1962, p. 541-614.

guère de faire preuve d'une grande indépendance[27]. Il s'y ajoute d'autres contraintes soulevées par le professeur Franck Moderne relatives à la mise en place d'un parti unique, les choix idéologiques et la multiplication des coups d'État militaires[28].

Mais au crépuscule des années 80, on va assister à un renouveau de la justice constitutionnelle avec la revendication du mécanisme de contrôle de constitutionnalité comme enjeu central dans la construction d'institutions démocratiques.

Le renouvellement affirmé du dispositif constitutionnel initié depuis le début des années 90 et ses effets remarquables dans le fonctionnement actuel de la justice constitutionnelle nous impose un questionnement relatif à l'existence d'un modèle africain de justice constitutionnelle.

Au plan doctrinal, tout laisse à croire qu'il existe aujourd'hui un modèle africain de justice constitutionnelle à la suite des interrogations formulées par le doyen Louis Favoreu dans un article intitulé « Brèves réflexions sur la justice constitutionnelle en Afrique »[29]. Cet éminent juriste précise que si l'on considère la forme d'organisation de la justice constitutionnelle en Afrique, on constate l'existence d'une grande variété. Si l'on essaie de ramener à quelques grands types ces formes d'organisations, on peut distinguer :

– les pays qui adopté le système américain (essentiellement ceux organisés sur le modèle des pays de *common law* c'est-à-dire d'un ordre juridique et d'un ordre juridictionnel unique) et ceux très peu nombreux qui ont institué le système européen ;

---

[27] Conac, G., Le juge constitutionnel en Afrique, censeur ou pédagogue, in Les cours suprêmes en Afrique, Tome 2, Paris, Economica, 1989.
[28] Moderne F., Les juridictions constitutionnelles en Afrique, in Cours Suprêmes en Afrique, tome 2, Paris, Economica, 1989, p. 3.
[29] Favoreu, L., *op. cit.*

En revanche, précise notre auteur, le système que l'on appellera, faute de mieux, de la chambre constitutionnelle ou de la juridiction mixte, a eu beaucoup plus de succès. Ce système qui consiste à spécialiser l'une des chambres de la Cour suprême et en faire une chambre constitutionnelle, ou bien à confier le contentieux constitutionnel à la seule Cour suprême (à côté d'autres contentieux) ou bien, plus rarement, aux deux cours suprêmes (fusionnant pour la circonstance en une sorte de cour constitutionnelle), est original car même en Amérique latine, où pourtant l'imagination est féconde en ce domaine, on ne retrouve pas ce mode d'aménagement.

D'autres traits empruntés au système européen complètent la physionomie de la voie africaine de la justice constitutionnelle : le contrôle *a priori*, la concentration des compétences sur le contrôle du parlement (législateur, règlements internes, domaine de la loi et le caractère restreint de la saisine).

La question est de savoir si cela suffit à caractériser un modèle. Et d'autre part, on peut se demander pourquoi n'est-on pas allé jusqu'au modèle européen : c'est-à-dire pourquoi ne pas avoir créé une juridiction distincte de la Cour suprême, et spécialisée en contentieux constitutionnel, c'est-à-dire une juridiction constitutionnelle ?

Ces interrogations formulées par le doyen Louis Favoreu, et qui pourraient être interprétées comme des objections quant à l'existence d'un modèle africain de justice constitutionnelle, sont prises en compte car la plupart des États africains ont, aujourd'hui, créé des juridictions distinctes de la Cour suprême et spécialisées en contentieux constitutionnel en intégrant même des éléments du *judicial review*.

Tout récemment, le professeur Albrecht Weber[30] considérait qu'au-delà de l'hypothèse d'une distinction entre

---

[30] « Notes sur la justice constitutionnelle comparée : Convergences et Divergences », *AIJC*, 2004, p. 29.

le contrôle diffus – concentré comme le propose Cappeletti[31], il paraît utile de prendre encore cette distinction comme point de départ pour une typologie bien qu'il s'avère que, mondialement, se développent des conceptions de plus en plus dualistes ou parallèles aux modèles juxtaposés[32]. Il s'avère donc que les modèles sont variables et capables d'être combinés de plusieurs aspects[33].

Nous assistons aujourd'hui à l'expansion immense de la justice constitutionnelle mais la tendance croissante vers des modèles mixtes ou hybrides ne justifie pas la dissolution ou l'élimination des deux modèles binômes qui peuvent servir comme point de départ pour une classification systématique. Au surplus, le chercheur ne doit non plus se réfugier derrière cette classification classique en ignorant ou « en faisant semblant d'ignorer » la dynamique de l'évolution de la justice constitutionnelle dans le monde qui implique ou occasionne de nouvelles configurations architecturales de la justice constitutionnelle.

Ainsi avec la conception que nous donnons à la justice constitutionnelle, l'opposition entre les deux modèles doit être abandonnée en raison du rapprochement constaté entre les deux modèles classiques, mais également surtout, en raison de la diversité des systèmes de justice constitutionnelle. Parler, aujourd'hui, de modèle européen tend à perdre toute signification si l'on veut bien considérer que les différences existant entre certains systèmes européens sont parfois plus importantes que celles opposant habituellement le modèle

[31] CAPPELLETTI, M., « nécessité et légitimité de la justice constitutionnelle » in *Cours constitutionnelles européennes et droits fondamentaux*, Paris, Economica, 1982.

[32] Fromont, M., La justice constitutionnelle dans le monde, Dalloz, 1996, p. 42 et s.

[33] Weber, A., Notes sur la justice constitutionnelle comparée : Convergences et Divergences, AIJC, 2004, p. 29.

européen au modèle nord-américain[34]. Plus intéressante, cette catégorisation dualiste des modèles contribue à écarter la prise en compte même des finalités des juridictions constitutionnelles. Pour éviter ces difficultés épistémologiques, il est plus judicieux de fonder l'opposition des modèles sur les traits spécifiques de chacun d'entre eux.

Nous affirmons dans le cadre de cette analyse l'existence d'un modèle africain de justice constitutionnelle. Il s'agit d'un modèle hybride différent des deux modèles classiques pris isolément. Dès lors, l'exercice va être accès sur une réflexion démonstrative de l'existence d'un modèle africain de justice constitutionnelle qui va mettre en exergue les différentes particularités.

Il faut souligner que la transmission d'un modèle s'effectue à l'aide de plusieurs mécanismes amplifiés par l'effet de plusieurs facteurs[35]. Les modèles sont souvent en influence mutuelle et leurs transmissions obéissent à deux paradoxes. Le premier est lié à l'effet d'importation du modèle qui ne peut induire les mêmes résultats observés dans le pays d'origine. Le deuxième concerne le cas fréquent du modèle corrigé et renvoyé ensuite au pays d'origine qui en tire parti. Les modèles se nourrissent donc l'un de l'autre et impliquent des effets différents selon l'environnement d'application. La reprise d'un modèle peut être considérée comme une première démarche, conservatoire et il est inévitable que peu à peu l'écart se creuse entre le modèle et les différentes réalisations jusqu'à donner naissance à un modèle différent. C'est cette situation qui caractérise le modèle africain de justice constitutionnelle. À titre d'illustration, nous nous

[34] Rubio LLorente, F., Tendances actuelles de la juridiction constitutionnelle en Europe, AIJC, 1996, p .13

[35]Ces facteurs peuvent être la pression des organisations internationales et des gouvernements étrangers ou l'imitation des politiques qui ont donné des résultats probants dans d'autres pays.

limiterons principalement à quelques pays africains comme le Sénégal, le Bénin, le Gabon et l'île Maurice. Mais ce choix n'exclut pas le recours à quelques expériences dans les autres pays africains ou d'ailleurs.

Le modèle africain de justice constitutionnelle étant un système de référence dont les États se proposent de s'inspirer tout en l'améliorant, il est nécessaire pour nous de dégager ses caractéristiques. En définitive, il conviendra de montrer qu'il s'agit d'un modèle importé (I) d'une part et d'un modèle reconstruit d'autre part (II).

I. le modèle africain de justice constitutionnelle, un modèle importé

Les premières juridictions constitutionnelles sont apparues dans le cadre du phénomène de mimétisme institutionnel c'est-à-dire de reproduction de modèles étrangers[36].

Une habitude bien ancrée dans la littérature juridique et constitutionnelle sur l'Afrique est de rendre compte des régimes constitutionnels en termes de mimétisme. Même si cette approche est tentante compte tenu de la forte ressemblance des Constitutions africaines aux modèles occidentaux, il faut souligner que la force de ces influences est ancienne et s'est accentuée depuis les années 1990 avec le rapprochement de plus en plus des nouvelles constitutions aux constitutions – modèles[37]. Même si les origines des modèles se situent en dehors de l'Afrique, doit – on pour autant en induire que ces valeurs et institutions sont étrangères à l'Afrique ?

Les phénomènes d'imitation marquent et ont toujours marqué la création des systèmes juridiques. C'est dans cette

[36] OULD BOUBOUTT, Les juridictions constitutionnelles en Afrique, Évolutions et Enjeux, AIJC, 1997, p. 39.

[37] DE GAUDUSSON, J., Les nouvelles constitutions africaines et le mimétisme, in Création du droit en Afrique, Paris, Karthala, 1996.

optique que le Professeur Élisabeth Zoller soutient que « Ce sont les Américains qui sont à l'origine de la vénération dont les constitutions font aujourd'hui l'objet. Ce sont eux qui ont su persuader les Européens que le meilleur moyen de protéger les droits et libertés était d'en remettre la garde au pouvoir juridictionnel et non au pouvoir législatif. Grands vainqueurs de la Seconde Guerre mondiale, ils ont apporté en Europe une idée neuve, celle de la démocratie constitutionnelle, c'est-à-dire cette forme de démocratie où, par opposition à la démocratie parlementaire, ce n'est pas le parlement mais la Constitution qui est l'instrument de la liberté »[38]. Il ressort de cette affirmation que les phénomènes d'imitation ou d'influence constituent une constante dans l'évolution des systèmes juridiques[39].

Le modèle africain de justice constitutionnelle est sans aucun doute un modèle importé qui trouve ses origines en Occident ; mais, la transposition des modèles occidentaux dans le contexte africain a donné naissance, dans un premier temps, à une justice constitutionnelle passive qui a mis du temps pour réussir son ancrage et être revalorisée.

Nous envisagerons l'analyse de cette Titre 1 sous deux angles : dans une première démarche, nous mettrons l'accent sur la transposition des modèles occidentaux de justice constitutionnelle dans le contexte africain avant d'analyser

---

[38] Zoller, E., Droit constitutionnel, Paris, PUF, 1999, p. 153.

[39] Même le système américain n'est à l'abri de ce système d'influence car il y a lieu de souligner que même si la raison principale de la réussite de l'implantation du système américain de justice constitutionnelle réside, surtout, dans les excès du parlement de Londres à l'égard des colons américains[39], l'influence britannique est déterminante[39] car une forme de contrôle de constitutionnalité s'était par ailleurs diffusée dans les colonies d'Amérique à travers la pratique du comité judiciaire du conseil privé émanant du conseil du Roi qui pouvait invalider les lois des assemblées coloniales contraire au droit anglais[39]. Ce mécanisme pouvait ainsi préfigurer une sorte de contrôle juridictionnel de conformité d'une législation par rapport à la norme réputée supérieure.

dans une seconde l'ancrage contrasté des juridictions constitutionnelles dans le contexte africain (B).

A. Une transposition des modèles occidentaux de justice constitutionnelle dans le contexte africain

« L'Europe est avec les États-Unis le berceau du droit constitutionnel. Ce rôle n'est pas seulement historique. Encore aujourd'hui, le droit constitutionnel européen exerce dans le monde une influence majeure qu'illustrent des notions comme celles de l'État de droit, des droits fondamentaux ou le parlementarisme »[40]. Il ressort de cette assertion que l'origine est donc américaine[41] d'une part, et européenne[42] d'autre part.

L'analyse de la transposition des modèles occidentaux se fera à travers l'expérimentation des systèmes de justice

---

[40] Selon Constance Grewe et Hélène Ruiz Fabri, *op. cit.*

[41] Parmi tous les états dotés de constitutions écrites, les États-Unis sont certainement celui où le constitutionnalisme a atteint son point d'apogée. Cette situation n'est nullement le fruit du hasard et s'explique par plusieurs facteurs. Tout d'abord, c'est aux États-Unis qu'est née cette doctrine qui élève la Constitution au rang de la loi culminante régnant à titre suprême et invalidant par des voies judiciaires toute règle juridique inférieure et contraire, y compris la loi ordinaire faite par le législateur. Ensuite, aux États-Unis, le constitutionnalisme était dès les origines mis concrètement en application avec la création d'un organe juridictionnel qui lui a donné sa forme institutionnelle. Il s'agit de la Cour Suprême, institution dont la puissance a impressionné plus d'un, à commencer par Alexis de Tocqueville (Alexis de Tocqueville, De la démocratie en Amérique, I, I, VIII, Bibliothèque de la pléiade, p. 167) qui soulignait son rang élevé parmi les grands pouvoirs de l'État.

[42] Après la Seconde Guerre mondiale, l'Europe a connu un extraordinaire développement du contrôle de constitutionnalité des lois. Certes une première expérience avait été tentée après la Première Guerre mondiale lorsque la République d'Autriche créa en 1920, sous l'influence des théories du juriste Hans Kelsen, un tribunal suprême chargé de rendre la justice constitutionnelle (Eisenmann, Ch., La justice constitutionnelle et la Haute cour constitutionnelle d'Autriche, LGDJ, 1928, rééd. Economica, 1986).

constitutionnelle en Afrique qui traduit une première tentative de construction de modèle africain de justice constitutionnelle (1). Cette première phase d'expérimentation de systèmes de justice constitutionnelle a introduit en Afrique une nouvelle typologie de justice constitutionnelle avec quelques particularités par rapport aux modèles occidentaux (2).

1. L'émergence de la justice constitutionnelle en Afrique

L'identification de la justice constitutionnelle africaine est une entreprise extrêmement périlleuse[43]. La plupart des juridictions africaines y ont été créées artificiellement, plaquées sur des constructions étatiques aux contours incertains. Les États nouveaux, issus dans leur grande majorité de la décolonisation, devaient d'abord s'affirmer en tant qu'États[44] en forgeant leur unité nationale et en mobilisant leurs forces pour lutter contre le sous-développement. Dans ce contexte, « la constitution n'y est qu'une expression affaiblie et provisoire d'une situation politiquement fragile »[45]. C'est dans cette logique que le professeur Franck Moderne affirme que le constitutionnalisme en Afrique ne peut avoir ni la même signification ni la même portée que dans les États européens ou américains, où il a pris naissance et racine[46].

Avant les années 1990, l'organisation des juridictions constitutionnelles en Afrique peut être exposée à travers plusieurs propositions en partant des sources respectives des systèmes juridiques des États africains[47].

---

[43] Moderne, F., Les juridictions constitutionnelles en Afrique, in Cours suprêmes en Afrique, T2, Econmica 1989, p. 5.
[44] Moderne, F., *Ibidem.*
[45] Moderne, F., *Ibidem.*
[46] Moderne, F., *Ibidem.*
[47] OULD BOUBOUTT, A.S., Les juridictions constitutionnelles en Afrique, Évolutions et Enjeux, AIJC, 1997, p. 33.

En ce qui concerne les États de tradition juridique française, les États ont opté, dans un souci d'économie institutionnelle, pour la solution qui consiste à rattacher leurs juridictions constitutionnelles à celles de l'ordre judiciaire, et ce, selon diverses modalités.

Premièrement, la Cour, organe suprême de l'ordre judiciaire (mais aussi administratif), siège en qualité de juridictions constitutionnelles[48]. À titre d'illustration, nous exposerons le choix sénégalais dès l'indépendance qui s'est doté, avec la Constitution du 29 août 1960, d'une juridiction à compétence constitutionnelle, la Cour suprême composée essentiellement de magistrats professionnels nommés par décrets du Président de la République[49]. En matière constitutionnelle, la Cour suprême statuait avec toutes les sections réunies, c'est-à-dire dans sa formation entière[50]. Ainsi, la Cour suprême était chargée, en matière constitutionnelle, soit de vérifier la régularité de certaines opérations et en authentifier les résultats[51], soit pour trancher des conflits virtuels ou déclarés entre les deux pouvoirs[52], soit, par exception, à l'occasion de l'exercice de ses pouvoirs exceptionnels par le président de la République[53].

---

[48] C'était le cas du Cameroun, des Comores, du Sénégal, et du Zaïre.

[49] Gounelle Max, la Cour suprême dans le système politique sénégalais, Les cours suprêmes en Afrique, Economica, 1986, p. 143.

[50] Il n'existe donc pas de section spécialisée ou chambre en matière constitutionnelle.

[51] L'intervention de la Cour suprême du Sénégal était prévue en cas d'élections présidentielles et empêchement du président, de référendum et de lois organiques et accords internationaux.

[52] Il s'agit du contrôle relatif à la constitutionnalité des lois et des empiètements du pouvoir législatif sur le pouvoir réglementaire.

[53] La loi du 20 juin 1967 avait créé le droit de dissolution de l'Assemblée par le président de la République, sans interdire à celui-ci de recourir aux pouvoirs exceptionnels qu'il tient de la Constitution, si la nécessité s'en fait sentir, alors que l'Assemblée a déjà été dissoute et que le pays se trouve à la veille des élections générales. Dans cette

Deuxièmement, cette Cour accueille en son sein une chambre constitutionnelle[54]. C'est ainsi que la République du Gabon avait choisi dès la constitution du 21 février 1961, la formule de la chambre constitutionnelle de la Cour suprême.

Troisièmement, à l'instar de la solution adoptée au Rwanda, la Cour constitutionnelle se constitue par la fusion de juridictions ordinaires suprêmes à savoir le Conseil d'État et la Cour de cassation[55]. Ce qui permet de ranger le Rwanda parmi les pays qui considèrent qu'il n'y a pas lieu de séparer la juridiction constitutionnelle de l'appareil judiciaire[56].

Seuls deux États de l'ensemble considéré échappent à ce mouvement, par la mise en place de juridictions constitutionnelles « autonomes ». Il s'agit de la Haute cour constitutionnelle de Madagascar créée en 1975 et le Conseil constitutionnel congolais mis en place en 1984[57].

Pour les pays de tradition anglaise, l'unité semble avoir prévalu sur ce point par l'adoption de la position américaine du *judicial review*[58].

---

hypothèse, les mesures de nature législative, prises par le président dans le cadre de ces pouvoirs exceptionnels étaient soumises à la Cour suprême.

[54] C'était le choix du Gabon, de la Mauritanie, du Maroc et de la Côte d'Ivoire.

[55] OULD BOUBOUTT, A. S., *op. cit.*

[56] Moderne, F., *op. cit.*

[57] OULD BOUBOUTT, A. S., *op. cit.*

[58] Dans ce système, toute juridiction a la faculté de trancher sous le contrôle d'une Cour suprême, les problèmes d'ordre constitutionnel, y compris le contrôle de constitutionnalité des lois et engagements internationaux, à l'occasion des litiges qui lui sont soumis. C'est à l'occasion de l'arrêt Marbury V. Madison que le premier système de justice constitutionnelle est né en posant et renforçant le principe considéré comme essentiel pour toute Constitution écrite, qu'une loi contraire à la Constitution est nulle et que les tribunaux et les autres pouvoirs sont liés par un tel instrument. L'affaire est née du changement

Enfin, les États de traditions hispanophone et lusophone, ont, soit mis en place un organe spécialisé, le Conseil d'État[59], soit adopté un système de contrôle politique de la constitutionnalité des lois, assuré par le parlement comme au Cap-Vert, soit omis purement et simplement la justice constitutionnelle[60].

En définitive, il ressort de ces développements qu'à la période considérée, deux catégories de juridictions prédominaient en Afrique : La juridiction constitutionnelle rattachée à l'ordre judiciaire et celle procédant du judicial review[61]. Mais chacun de ces choix se démarque des modèles originels américains[62] et kelsenien[63] privilégiant

politique opéré au tournant du siècle. En 1800, Thomas Jefferson est élu Président des États unis et les républicains emportent également la majorité à la Chambre des représentants et au Sénat. Durant la phase de passation des du pouvoir, John Adams, le Président battu, cherchant à préserver l'influence du parti fédéraliste, entreprit de nommer plusieurs dizaines de juges fédéraux parmi les fidèles de son mouvement ; Quelques nominations, dont celle de William Marbury, ne purent toutefois intervenir à temps et Jefferson et le nouveau secrétaire d'État James Madison en profitèrent pour s'y opposer. A. Malbury intenta alors un recours devant la Cour suprême invoquant certaines dispositions de la loi sur l'organisation du pouvoir judiciaire de 1789. Ce texte permettait de demander à la Cour d'ordonner à la nouvelle Administration d'effectuer les nominations. John Marshall, fédéraliste, convaincu qu'il avait été nommé par John Adams à la Cour Suprême, rédigea à cette occasion une opinion dont on peut mesurer avec le recul, le caractère décisif pour le système constitutionnel et au-delà, pour la diffusion du principe même du contrôle de constitutionnalité.

[59] C'est le cas de la Guinée équatoriale en 1982.

[60] C'était le cas du Mozambique mais aussi de la Guinée-Bissau.

[61] OULD BOUBOUTT, A. S., *op. cit.*

[62] Le modèle américain se caractérise par l'exercice d'un contrôle diffus, concret, effectué généralement *a posteriori* par voie d'exception, la décision rendue bénéficiant seulement, en principe d'une autorité relative de la chose jugée.

[63] La pensée juridique européenne appelée parfois le modèle autrichien (parce que la Haute cour constitutionnelle d'Autriche) a été théorisée par Hans Kelsen. Dans ce système, le contrôle de constitutionnaliste des

ainsi une construction nouvelle qui présente quelques particularités méritant d'être analysées.

2. Les caractéristiques des juridictions constitutionnelles nouvellement instituées

Rares sont les pays africains qui se sont inspirés du modèle français du conseil constitutionnel et la tendance était la création des organes à caractère nettement politique. Dans ce contexte de mise en place des juridictions constitutionnelles de première génération, la composition des juridictions relève, comme nous l'avons évoqué plus haut, du chef de l'exécutif qui désigne la totalité sinon la plupart des membres[64]. C'est ainsi que le professeur Max Gounelle décrit la Cour suprême du Sénégal comme « un peu la juridiction interne de la classe politique [65]».

Dans cette logique, la chambre constitutionnelle de la Côte d'Ivoire, créée par l'article 57 de la Constitution du 3 novembre 1960, comprend les anciens Présidents de la

---

lois est une mesure technique dont le but est d'assurer l'exercice régulier des fonctions étatiques. Il a pour objet de garantir, sur le plan formel, la structure hiérarchique de l'ordre juridique. Dans cette perspective, la raison d'être du contrôle constitutionnalité est de vérifier que la loi est produite dans les formes et selon les procédures requises par la Constitution. Il s'agit donc de constater la régularité du processus de production de droit, c'est-à-dire de constater un rapport de correspondance d'un degré inférieur à un degré supérieur de l'ordre juridique. Le positivisme constitutionnel du grand maître Hans Kelsen consacre à partir de la construction du droit par degré l'exigence d'un contrôle de constitutionnalité, exercé par une juridiction unique, pour garantir le principe de la hiérarchie des normes et la cohérence de l'ordre juridique. Pour Kelsen, la Constitution est la règle qui définit les conditions de création des normes juridiques essentielles de l'État. Elle est la base indispensable des normes juridiques et l'assise fondamentale de l'ordre étatique. C'est elle qui définit les formes et modes de production du droit en posant toutes les règles de procédures et de fond·

[64] C'est le cas en Mauritanie, au Mali, au Maroc et au Gabon.

[65] Gounelle, M., *op. cit.*

République, les vice-présidents de la Cour suprême et quatre personnalités connues pour leur compétence et désignées par le Président de la République ou par le président de l'Assemblée nationale[66].

La Constitution camerounaise du 2 juin 1972 ne s'éloigne pas de cette tendance car elle dispose que lorsque la Cour suprême est appelée à se prononcer sur le contrôle de constitutionnalité des lois, sur la conformité à la constitution des propositions et amendements d'origine parlementaire ou sur l'incapacité physique permanente du Président de la République, elle est complétée à nombre égal par des personnalités désignées en raison de leur compétence et de leur expérience pour une période de un an par le Président de la République[67]. Cette situation est valable dans beaucoup d'autres pays africains comme le Bénin et le Gabon[68]. C'est ce qui fait dire au professeur Franck Moderne « qu'il s'agisse des tribunaux proprement dits ou d'organes à caractère politique, il est bien rare que la composition des juridictions constitutionnelles ait laissé indifférents les gouvernements d'Afrique noire..[69]»

Il convient de souligner une autre particularité importante qui constitue la solution choisie d'une juridiction professionnelle, généralement intégrée à une Cour suprême. Ce choix trouve son fondement dans la pénurie de moyens

---

[66] J.O. 4 novembre 1960.

[67] Lavroff, G. D., L'évolution constitutionnelle et politique des États d'Afrique Noire, Annales Africaines, 1972, p. 11.

[68] Au Gabon, la chambre constitutionnelle de la Cour suprême (loi du 20 novembre 1962) comprend deux catégories de membres : les membres de droit (anciens présidents de la République gabonaise) et les membres nommés (au nombre de quatre conseillers et deux assesseurs suppléants) pour deux ans par le président de la République statuant en conseil des ministres (le président de la République et le président de l'Assemblée nationale proposent chacun deux conseillers et un suppléant).

[69] Moderne F, Les institutions constitutionnelles des États d'Afrique francophone et de la République Malgache, Economica, 1979, p. 179.

matériels, financiers ou en personnel compétent. Une juridiction constitutionnelle séparée était à l'époque conçue comme un luxe inutile au regard des impératifs de la construction nationale et de la lutte contre le sous-développement[70]. En effet, au moment où les États africains ont accédé à l'indépendance, il fut jugé plus raisonnable d'adopter contrairement aux modèles européens, un système de l'unité de juridiction. Ce qui justifie le choix des cours suprêmes qui coiffent l'ensemble des juridictions.

Les modalités de désignation confirment une forte implication du Chef de l'État dans la nomination des membres des cours suprêmes. Concernant le statut des membres, le professeur Ahmed Salem Ould Bouboutt souligne que « s'il était, pour les mêmes raisons, aligné sur celui des magistrats de l'ordre judiciaire, lesquels bénéficient souvent de garanties formelles, il n'exclut pas toujours des possibilités de pression, résultant du caractère renouvelable si ce n'est révocable du mandat (Madagascar, Mali, Mauritanie, Maroc) et du régime des incompatibilités[71].

Les juridictions constitutionnelles africaines exerçaient globalement des compétences importantes[72] mais leurs activités jurisprudentielles étaient presque nulles compte tenu de la nature des systèmes politiques africains de l'époque peu propice à la justice constitutionnelle.

---

[70] Moderne, F., *Ibidem.*

[71] OULD BOUBOUTT, A. S., *op. cit.*

[72] Les juridictions constitutionnelles étaient compétentes en matière de contrôle de constitutionnalité des lois, règlements parlementaires et engagements internationaux. Elles étaient compétentes également pour répartir les compétences normatives entre lois et règlements, contrôler les élections présidentielles, législatives et référendaires. Elles exerçaient aussi des compétences consultatives.

B. L'ancrage contrasté des juridictions constitutionnelles dans le contexte africain

Dès l'accession des anciennes colonies à la souveraineté internationale, les premières constitutions africaines établies par les nouveaux dirigeants ont très rapidement posé le principe de l'indépendance de la justice et le respect de la séparation des pouvoirs[73]. Cela paraissait logique et découlait naturellement de la transposition des institutions qu'elles avaient reçues des États occidentaux. Mais les intentions manifestées n'ont pas connu une application concrète qui ont conduit à la marginalisation du juge constitutionnel.

La tendance générale qui s'est dégagée de l'examen de la transposition des modèles occidentaux dans le contexte africain est une adaptation contrariée par un environnement juridique et politique peu favorable au développement des juridictions constitutionnelles. Ces contraintes confinent le juge constitutionnel africain dans une passivité qui justifie l'absence manifeste de jurisprudence.

1. Le caractère contraignant de l'environnement des juridictions constitutionnelles

La passivité des juridictions constitutionnelles de première génération s'explique par plusieurs facteurs parmi lesquelles l'instauration des partis uniques, les choix idéologiques et les coups d'État militaires. Dans ces situations, il est difficile de faire fonctionner convenablement les juridictions constitutionnelles.

C'est dans ce contexte que le professeur Gérard Conac note avec pertinence que le juge constitutionnel se trouve dans « une situation de grande dépendance à l'égard du chef

---

[73] FALL, A.B., Le juge, le justiciable et les pouvoirs publics : pour une appréciation concrète de la place du juge dans les systèmes politiques en Afrique, in LES DÉFIS DES DROITS FONDAMENTAUX, Bruxelles, Bruyant, 2000.

de l'État »[74]. Et des exemples sont faciles à trouver pour illustrer cette affirmation. C'est ainsi que le professeur Kontchou-Kuomégni fait remarquer qu'au Cameroun à tout moment « les membres de la Cour suprême peuvent quitter la Cour pour d'autres fonctions plus intéressantes ou selon le bon vouloir du Président de la République, qui pourrait bloquer ainsi toute possibilité de décision juridictionnelle qui irait à l'encontre de son idée de juridicité[75] ».

Ces contraintes qui pèsent sur l'activité du juge constitutionnel et sur le contentieux sont parfois visibles[76] parfois voilées[77].

L'environnement politique du contexte des indépendances n'accordait pas une place privilégiée à la justice constitutionnelle encore moins à sa jurisprudence. En effet, l'environnement politique au sein duquel s'intègrent les juridictions constitutionnelles de première génération est celui de la domination d'un parti majoritaire lourd et puissant.

Pendant longtemps, le Président de la République disposait seul, dans la réalité des systèmes, du pouvoir de saisir les juridictions constitutionnelles au détriment d'une opposition parlementaire qui atteignait difficilement les seuils fixés par

---

[74] CONAC, G., Le juge constitutionnel en Afrique, Censeur ou Pédagoque ? In Cours suprêmes en Afrique, Paris, Economica 1989.

[75] Gérard CONAC, Le juge constitutionnel en Afrique, Censeur ou Pédagoque ? In Cours suprêmes en Afrique, Paris, Economica 1989.

[76] Le professeur Alioune Badara Fall note dans son article précité sur le juge, le justiciable et les pouvoirs publics, qu'au Congo démocratique les gouvernants ont expressément organisé la soumission du juge aux directives du parti voir de son chef et n'hésitent pas à prendre des sanctions excessivement sévères à l'encontre des magistrats ou d'autres individus lorsqu'ils osent désobéir aux directives du pouvoir ou critiquer le système.

[77] L'autocensure ou la retenue excessive du juge devant les affaires impliquant le pouvoir de l'État constitue un camouflage de la mainmise de l'exécutif hégémonique sur l'appareil d'État.

les Constitutions pour jouir de ces prérogatives. Les meilleurs agencements des textes ne comportent aucune garantie quant au fonctionnement effectif des juridictions constitutionnelles affectées par les vicissitudes de la vie politique. Cette mainmise de l'exécutif dans le fonctionnement des institutions n'a guère contribué à asseoir l'autorité des juridictions constitutionnelles.

En outre, la justice constitutionnelle suppose en effet qu'il y ait séparation des pouvoirs car en définitive sa fonction s'analyse en une mission de surveillance ou en une garantie de strict respect de la séparation des pouvoirs et de la hiérarchie des normes qui n'est que l'expression de celle-ci[78]. Or le contexte d'émergence des juridictions constitutionnelles est caractérisé par une remise en cause de la suprématie constitutionnelle mise en évidence au moment de l'avènement des partis uniques[79]. Le professeur Gérard Conac montre avec pertinence cette remise en question de la suprématie constitutionnelle en affirmant que « la constitution est un point de repère. Elle ne s'impose pas comme un sens unique. Le texte constitutionnel a simplement un caractère incitatif : il fixe les orientations, prévoit des institutions, s'approprie des formules mais son effectivité est toujours subordonnée aux impératifs de la construction de l'État et de l'unification nationale. La constitution est perçue moins dans son sens normatif que dans ses aspects fonctionnels. Elle n'est pas une barrière juridique mais l'une des techniques que le pouvoir met au service de ses

[78] Favoreu, L., Brèves réflexions sur la justice constitutionnelle en Afrique, in Les cours suprêmes en Afrique II : La jurisprudence, Paris, Economica, 1989.

[79] Conac G., L'évolution constitutionnelle des États francophones d'Afrique Noire et de la République démocratique malgache, in Les institutions constitutionnelles des États d'Afrique francophone et de la république malgache, Economica, 1979, p. 24.

objectifs. C'est un guide plus qu'une obligation.[80]». Il ressort de ces observations que les juridictions constitutionnelles ne pouvaient prospérer dans ces situations car la suprématie constitutionnelle n'était pas une priorité pour les nouveaux dirigeants africains mais une source de légitimité voire un instrument du pouvoir qui précise les modes de formalisation des décisions étatiques.

Le juge constitutionnel ne pouvait jouer dans ce contexte son véritable rôle parce que les préalables nécessaires pour le développement de la justice constitutionnelle (respect de la séparation des pouvoirs et de la hiérarchie des normes) étaient absents de la vie juridique et politique.

2. Le caractère passif des juridictions constitutionnelles

Les contraintes relatives à l'environnement juridico-politique ont conduit inévitablement dans le contexte africain à ce que le professeur Max Gounelle qualifie de tarissement du contentieux constitutionnel[81]. Ainsi, cette période est caractérisée par une extrême rareté des décisions et arrêts des juridictions constitutionnelles.

En réalité, une des difficultés liées au développement de la justice constitutionnelle réside dans la fragilité des structures politiques. En effet, dans la phase de construction de l'État, le juge s'est transformé en artisan de cette construction. Dans cette perspective, le juge est beaucoup plus un gardien de la Constitution qu'un promoteur des droits et libertés[82]. Au surplus, dans les États africains d'après indépendance, la crainte des contre-pouvoirs potentiels demeure une hantise des gouvernants. La situation du juge constitutionnel est ainsi fragilisée surtout

---

[80] Conac G., *op. cit.*, p. 23.

[81] Gounelle Max, la Cour suprême dans le système politique sénégalais, Les cours suprêmes en Afrique, Economica, 1986, p. 143.

[82] Gérard Conac, *op. cit.*

dans un contexte où les acteurs politiques ne maîtrisaient pas parfaitement les nouvelles institutions mises en place par les nouveaux dirigeants.

Il convient de souligner que, dans ce contexte, le juge constitutionnel n'était pas en mesure d'entrer en conflit avec le pouvoir politique, sa marge de manœuvre était phagocytée et ne pouvait être que prudent car il se savait vulnérable[83]. En effet, l'intervention de la juridiction constitutionnelle est subordonnée à la manière dont les procédures constitutionnelles et législatives définissent le contentieux constitutionnel[84]. Plusieurs procédures et techniques étaient combinées pour neutraliser l'activité jurisprudentielle du juge constitutionnel. C'est ainsi qu'en Côte d'Ivoire, au Bénin et au Niger, était facultative la saisine des juridictions constitutionnelles pour l'examen de la constitutionnalité des lois ou décret. La saisine était réservée à quelques hauts dirigeants (le Président de la République, le président de l'Assemblée nationale et parfois le gouvernement) qui recourraient très rarement à ces procédures confinant ainsi le juge constitutionnel dans une situation de conseiller juridique du pouvoir politique pour marquer son utilité[85].

Ainsi, pendant longtemps, il est prévu dans le système constitutionnel africain un contrôle de constitutionnalité extrêmement timide limitée par des conditions très restrictives de saisine. D'ailleurs, le professeur Gérard Conac qualifie le contrôle de constitutionnalité de cette époque de « pseudo- contrôle préventif à usage présidentiel »[86].

---

[83] CONAC, G., Le juge constitutionnel en Afrique, Censeur ou Pédagoque ? in Cours suprêmes en Afrique, Paris, Economica 1989.
[84] Issa Abdourahmane, B., *op. cit.*, p. 67.
[85] CONAC, G., Le juge constitutionnel en Afrique, Censeur ou Pédagoque ? in Cours suprêmes en Afrique, Paris, Economica 1989.
[86] CONAC G, *Le juge et la construction de l'État de droit en Afrique francophone* – Mélanges en l'honneur de Guy BRAIBANT.

Au surplus, il faut remarquer que si le juge constitutionnel est resté pendant longtemps dans cette situation de passivité du point de vue du contentieux, son activité jurisprudentielle a connu un renouveau qui s'explique par plusieurs facteurs ayant abouti à un remodelage de la justice constitutionnelle africaine.

L'effondrement de l'URSS a contribué au dégel du système institutionnel africain. Ce changement important, conjugué avec les contestations internes de plus en plus fortes, a ébranlé les vieilles aristocraties qui, pendant un quart de siècle ont asservi les Africains[87]. La crise économique a été aussi l'un des facteurs de changements politiques et institutionnels au crépuscule des années 90. C'est ainsi que le professeur Albert Bourgi note avec acuité que « si l'objectif que s'étaient assignés les jeunes États africains, promouvoir un développement rapide de leurs sociétés au plan économique et social, avait été atteint, les nouveaux régimes auraient, peut-être perduré et le pluralisme politique, parfois décrit comme un luxe, n'aurait guère été d'actualité. Or, il n'en fut rien et l'échec de l'autoritarisme fut à la mesure de l'aggravation de la situation économique de la quasi-totalité des pays africains, et pire encore, des difficultés de survie qu'ont souvent connues les populations du Continent[88] ». Cette rupture avec le passé marque le début de la vague des démocratisations et le début de nouvelles idéologies comme le pluralisme et l'État de droit. Ainsi, la guerre est déclarée contre non seulement le marxisme-léninisme comme idéologie de l'État, mais aussi contre la dictature des partis uniques.

---

[87] AYADZI K., les nouvelles tendances du constitutionnalisme africain : le cas des États d'Afrique Noire, in Revue juridique et politique N° 2 du Cerdip, 2002.

[88] Bourgi, A., l'évolution du constitutionnalisme en Afrique : du formalisme à l'effectivité, RFDC, n°52, 2002, p. 740 et s.

En définitive, c'est ce processus démocratique enclenché en Afrique au début des années 90 qui va induire des réformes constitutionnelles plus ou moins profondes dans tous les pays africains, soit par l'adoption de nouvelles constitutions, soit par le biais de révisions constitutionnelles. Par conséquent, les mécanismes nationaux de justice constitutionnelle s'en sont trouvés, d'une manière ou d'une autre, remodelés. Mais une analyse attentive du remodelage de la justice constitutionnelle en Afrique permet de déceler l'émergence d'un modèle reconstruit.

II. le modèle africain de justice constitutionnelle, un modèle reconstruit

S'il ne fait sans aucun doute que le système constitutionnel africain traduit de manière évidente une réception par les constituants des valeurs et principes occidentaux, la logique des États africains ne demeure pas moins une logique de réception, non pas passive mais active de dynamique de recréation des institutions. Elle est à la fois réception, ré-écriture, ré appropriation et endogénéisation des modèles occidentaux, à l'aune de paramètres africains. Ainsi, le modèle africain de justice constitutionnelle certes importé sera reconstruit. Cette reconstruction peut être appréciée à deux niveaux différents. Il s'agit d'une reconstruction substantielle et originale (A) et d'une reconstruction fructueuse malgré quelques fragilités (B).

A. Une reconstruction substantielle et originale

Il s'agira de montrer comment le système de la justice constitutionnelle a été reconstruit en insistant sur les spécificités par rapport aux modèles d'origines.

1. Le remodelage de la justice constitutionnelle en Afrique

Il est important de mesurer la profondeur du remodelage opéré au plan institutionnel et fonctionnel pour démontrer le caractère substantiel des réformes introduites à partir de 1990. Ainsi, il faut signaler que c'est par un mouvement sans doute non concerté, mais réellement convergent et significatif, les États africains ont, dans leur majorité, inversé la vapeur et adopté sous diverses formes de nouveaux systèmes de justice constitutionnelle.

La nouvelle tendance est la création de juridictions constitutionnelles autonomes séparées ou dépourvues de tout lien avec les juridictions ordinaires, administratives ou judiciaires. À titre d'illustrations, il faut noter que dans certains pays, des cours constitutionnelles sont instituées au Bénin[89], au Burundi[90], au Gabon[91], au Mali[92], au Togo[93] et à Madagascar[94]. Dans d'autres, c'est un conseil constitutionnel qui est mis en place, particulièrement au Sénégal[95], à Djibouti[96], en Côte d'Ivoire[97], au Maroc[98] et en Mauritanie[99].

Les attributions importantes et substantielles dévolues aux juridictions constitutionnelles par les constituants africains ont conduit ces derniers à en privilégier le statut, qu'il s'agisse du mode et des critères de désignation des juges ou des garanties d'indépendance qui leur sont accordées dans leur mandat. Dans tous ces domaines, les solutions sont variées et dénotent une nouveauté par rapport aux anciens systèmes déjà présentés. De ce fait, le statut et

[89] Voir la Constitution de 1990.
[90] Voir la Constitution du 20 novembre 1991.
[91] Voir la Constitution du 26 mars 1991.
[92] Par la Constitution malienne de 1991.
[93] Voir la Constitution togolaise du 12 octobre 1992.
[94] Voir la Constitution du 18 septembre 1990.
[95] Voir la révision constitutionnelle du 30 mai 1992
[96] Par la Constitution du 15 septembre 1992
[97] Cf. à la révision constitutionnelle de 1994.
[98] Révision constitutionnelle du 9 octobre 1992
[99] Constitution du 20 juillet 1991.

le mode de désignation des juges constitutionnels sont des indices révélateurs de leur indépendance vis-à-vis de l'exécutif et du législatif. Donc, l'ouverture du pouvoir de nomination à d'autres autorités étatiques et la garantie d'indépendance des juges constitutionnels constituent des apports essentiels du nouveau droit de la justice constitutionnelle en Afrique.

Au Gabon, la Cour constitutionnelle est composée de neuf membres nommés qui portent le nom de conseillers et comprend des membres d'honneur qui sont les anciens Présidents de la République. Les conseillers sont nommés par le Président de la République, le président de l'Assemblée nationale et par le président du Sénat en raison de trois chacun.

Si cette solution se rapproche du choix français de justice constitutionnelle, ailleurs la démarcation est plus nette. Ainsi, au Sénégal, le Conseil constitutionnel est composé de cinq membres nommés par le Président de la République[100] parmi les hauts magistrats exerçant ou ayant exercé des responsabilités élevées à la Cour suprême, au Conseil d'État ou à la Cour de cassation, et pour au plus deux membres, des professeurs de droit, inspecteurs généraux d'État ou avocat ayant acquis une expérience d'au moins vingt-cinq ans[101]. Au Bénin, la Constitution du 11 décembre 1990 dispose que parmi les sept membres de la Cour constitutionnelle, trois sont désignés par le Président de la République et quatre par le président de l'Assemblée nationale. Au Niger, le Président de la République et le président de l'Assemblée nationale ne désignent respectivement qu'un juge sur sept qui composent la Cour constitutionnelle. Les

---

[100] Ce pouvoir de nomination exclusive du Président de la République qualifié de discrétionnaire est critiquable au regard de l'idéal de justice constitutionnelle qui veut que ce pouvoir soit partagé entre le pouvoir législatif, exécutif et judiciaire.

[101] Article 4 de la loi organique 92- 23 du 30 mai 1992 sur le Conseil constitutionnel.

cinq autres sont issus respectivement de la magistrature (2), du barreau (1), de la faculté de droit (1) et des associations des droits de l'homme[102].

Les constitutions béninoise, gabonaise, malienne, togolaise et congolaise laissent aux juges constitutionnels, le soin d'élire leur président.

La durée du mandat des juges est, elle aussi variable. Très peu d'États ont opté, comme le Cameroun, pour la solution française (neuf ans non renouvelables). Dans les autres pays, la durée est soit de cinq ans (Bénin, Gabon, Niger), soit de six ans (Sénégal et la Côte d'Ivoire), soit de sept ans (Mali) et le mandat n'est généralement pas renouvelable, sauf au Gabon et au Bénin où il l'est une fois. Il faut souligner également que certains États reconnaissent aux juges constitutionnels l'immunité dont bénéficient les parlementaires[103].

Par ailleurs, à côté de cette nouvelle dynamique de la justice constitutionnelle dans les pays de tradition juridique française, les pays comme le Nigeria en 1989 et l'île Maurice en 1992 ont maintenu le système de la Cour suprême dans le cadre du *judicial review* tout en semblant reconnaître à celle-ci, à travers une procédure de renvois, l'exclusivité de la compétence en matière constitutionnelle[104]. C'est cette solution qui est retenue en Gambie (1996) et en Namibie en 1990. Dans ce système, les règles d'inamovibilité et d'incompatibilités s'appliquent de manière absolue alors que dans certains autres États comme la Mauritanie, l'incompatibilité se limite seulement à quelques fonctions

---

[102] Issa Abdourahmane, B., Les cours constitutionnelles dans le processus de démocratisation en Afrique, Thèse soutenue à Bordeaux en octobre 2002.

[103] c'est le cas de la Mauritanie, du Djibouti et du Sénégal.

[104] GONIDEC, P-F, Droit international et Droit interne en Afrique, Recueil Penant, n° 822, 1996.

limitativement énumérées. Par contre, au Sénégal, au Gabon et au Togo, l'incompatibilité de la fonction du juge constitutionnel est établie avec toute autre fonction publique ou élective et avec toute profession privée.

Au plan fonctionnel, il faut également noter l'extension des compétences importantes du juge constitutionnel et un élargissement de la procédure de saisine de la haute juridiction constitutionnelle.

La première catégorie d'attribution concerne le contrôle de constitutionnalité. Cette attribution s'exerce sur les lois organiques et ordinaires, les engagements internationaux, les règlements intérieurs des assemblées parlementaires. À ces compétences s'ajoutent, selon les États, le contrôle des actes réglementaires censés porter atteinte aux droits fondamentaux de la personne humaine et aux libertés publiques (Bénin et Gabon), et les règlements intérieurs de certains organes comme le haut conseil des collectivités ou le Conseil économique et social (Mali), la Haute Autorité de l'Audiovisuel (Bénin).

La seconde catégorie concerne le contrôle électoral qui ne s'applique pas seulement aux élections présidentielles, législatives et référendaires. Il recouvre parfois des élections locales au Niger. Le juge constitutionnel béninois est compétent non seulement pour l'établissement de la liste officielle des candidats mais aussi, il a en charge, en collaboration avec la commission nationale indépendante, l'organisation et la supervision des processus électoraux (présidentiels et législatifs) incluant entre autres les opérations de recensement.

Au Sénégal, il appartient au Conseil constitutionnel d'apprécier la régularité des élections présidentielles, législatives et référendaires[105]. Mais ce contentieux ne concerne pas les opérations et les actes de préparation des élections. Le juge constitutionnel s'efface durant la campagne électorale et pendant le scrutin et le contrôle du principe d'égalité entre les candidats et celui du déroulement des opérations électorales relèvent de la compétence des cours et tribunaux. Et, c'est le Haut Conseil de la Radio qui assure l'égalité entre les candidats dans l'utilisation des temps d'antenne[106].

Une autre catégorie de compétence transforme les juridictions constitutionnelles en instance de régulation des institutions de l'État. Il s'agit de règlement des conflits d'attribution ou d'interprétation. C'est ainsi qu'au Sénégal, au-delà de la compétence de régulation des conflits entre l'exécutif et le législatif, le Conseil constitutionnel est en même temps un « tribunal des conflits » parce que c'est le juge constitutionnel qui est compétent depuis la réforme de 1992 pour arbitrer les conflits entre le Conseil d'État et la Cour de cassation[107].

Le pouvoir des autorités titulaires du pouvoir de nomination a été élargi. Outre le Président de la République, ce droit est reconnu aux présidents des assemblées parlementaires et une proportion variable de députés. Ainsi, au Cameroun, cette initiative est accordée, depuis 1996, au Président de la République, au Président de l'Assemblée nationale, au président du sénat, au tiers des députés ou des sénateurs ou encore aux présidents des exécutifs régionaux. Au Mali, ce droit est exercé par le Président de la République, au président de l'Assemblée nationale, au dixième des députés, au président du Haut Conseil des

---

[105] Voir la loi organique 92-23 du 30 mai 1992 sur le Conseil constitutionnel.

[106] Sur ce point voir l'article de Mayacine Diagne sur la mutation de la justice constitutionnelle en Afrique, AIJC de 1997, p. 115.

[107] Loi organique 92-23 du 30 mai 1992 sur le Conseil constitutionnel.

collectivités, au dixième des conseils territoriaux et au président de la Cour suprême. Même au Niger et au Burkina Faso où le système de la Cour suprême a été maintenu, le droit de saisine a été élargi suite aux différentes réformes des années 90.

2. La démarcation du modèle africain par rapport aux modèles occidentaux de justice constitutionnelle

Cette démarcation peut être appréciée à un double niveau. Tout d'abord, le modèle africain de justice constitutionnelle se singularise par rapport au modèle américain. De toute façon, le système pur de *judicial review* est intimement lié au contexte américain et difficile à mettre en place rapidement de manière effective dans un cadre institutionnel différent[108]. Ceci explique, souligne le doyen Louis Favoreu, son influence limitée lors du dernier mouvement d'extension de la justice constitutionnelle aux pays d'Europe centrale ou orientale[109]. Ce raisonnement est valable dans le contexte africain car l'influence du modèle américain n'a pas été déterminante au lendemain du grand mouvement de la justice constitutionnelle des années 90. Donc, l'influence du modèle américain n'est pas remarquable dans les pays africains surtout de tradition juridique française où l'on note une tendance à l'adoption d'un système de juridiction constitutionnelle spécialisée et autonome. Même les pays qui se réclament du système de *judicial review* comme l'île Maurice présentent des originalités introuvables dans le modèle américain. Le modèle de contrôle diffus de la loi est répandu dans les pays de *Common Law* du fait de l'unicité de l'ordre juridictionnel et du rapprochement structurel des Cours suprêmes des États du Commonwealth de celle des États-Unis d'Amérique. À l'île Maurice, où le système juridique appartient en grande partie à la famille de

---

108 Favoreu L., et alii, Droit constitutionnel, Dalloz, Paris, p. 210.
109 Favoreu L., et alii, *op. cit.*

Common Law, certains éléments du modèle américain de contrôle, notamment le contrôle diffus et la voie d'exception, sont utilisés dans le contentieux constitutionnel. Mais il existe une concentration du contentieux de la loi au profit de la seule Cour Suprême même si cette concentration n'est pas absolue et est assortie d'une limite essentielle[110]. Schématiquement, le système mixte de contrôle de constitutionnalité applicable à Maurice peut être présenté ainsi : Si le système se définit de façon organique, par le fait que c'est le juge ordinaire qui intervient, il devrait davantage être rattaché au contrôle diffus américain ; en revanche, si on privilégie le critère fonctionnel, l'existence d'un véritable contentieux constitutionnel, il est indéniable qu'il existe à Maurice une bonne dose de concentration[111].

Il ressort de ce qui précède que le modèle américain n'est pas transposable en Afrique malgré la présence de quelques techniques empruntées au *judicial review*.

Mais le modèle européen est également introuvable en Afrique dans son état pur même si son influence est indiscutable. L'originalité du modèle africain de justice constitutionnelle par rapport au modèle européen peut s'apprécier au niveau de l'organisation du contrôle concret. En effet, les cours allemande, autrichienne ou espagnole sont compétentes pour contrôler la constitutionnalité des lois, sur renvoi des tribunaux ordinaires, à l'occasion d'un litige concret. Ce mécanisme, qui s'éloigne du système

---

110 Comme dans toutes les autres matières, la Cour Suprême est en contentieux constitutionnel soumise au contrôle du Comité Judiciaire du Conseil Privé. Celui-ci peut statuer en cassation ou en appel sur toute interprétation des normes constitutionnelles par la Cour Suprême. Le contrôle constitutionnel peut s'exercer en deux temps et par deux juridictions de hiérarchie différente, ce qui constitue une sorte de contrôle à double détente.

111 Parvèz Dookhy, le constitutionnalisme mauricien, in publication de www.accpuf.org

keynésien originel, est appliqué aussi en Italie et pas en France qui constitue finalement, avec son système de contrôle exclusif, celui qui se rapproche le plus du schéma keynésien initial[112]. Le droit de la justice constitutionnelle en Afrique se démarque nettement du système français et va plus loin que les systèmes allemands, autrichiens, espagnols et italiens.

La grande originalité de la justice constitutionnelle africaine réside dans la consécration de la saisine individuelle, soit par voie d'action, soit plus souvent, sous la forme de questions préjudicielles de constitutionnalité. Dans ce domaine, le Bénin fait assurément figure de précurseur[113]. La Constitution béninoise prévoit la saisine individuelle aussi bien par voie d'action que par voie d'exception[114]. On est dans cette hypothèse loin du modèle européen ou français.

La Constitution de la République centrafricaine prévoit cette saisine individuelle de la Cour constitutionnelle, soit directement, soit par la procédure de l'exception d'inconstitutionnalité. Au Gabon, l'article 46 de la loi organique relative à la Cour constitutionnelle dispose que « la juridiction devant laquelle une exception d'inconstitutionnalité est soulevée examine sur-le-champ son caractère sérieux et en apprécie le bien-fondé. Dans l'affirmative, la juridiction surseoit à statuer et renvoie, au titre d'une question préjudicielle, l'examen de ladite exception à la Cour constitutionnelle. La décision de refus de la juridiction n'est pas susceptible de recours. Toutefois, l'exception d'inconstitutionnalité peut être soulevée dans les mêmes formes et conditions à l'occasion de l'exercice de toute voie de

---

[112] Favoreu L., et alii, *op. cit.*

[113] Albert Bourgi, *op. cit.*

[114] Voir l'article 102 qui dispose que « tout citoyen peut saisir la Cour constitutionnelle sur la constitutionnalité des lois, soit directement, soit par la procédure de l'exception d'inconstitutionnalité invoquée devant une juridiction ».

recours »[115]. Mais il faut préciser que dans la nouvelle rédaction de l'article 86 de la loi du 22 avril 1997, le constituant originaire a élargi la portée de la procédure par voie d'exception en levant la barrière antérieurement constituée par l'appréciation souveraine du bien-fondé de la requête introduite devant le juge ordinaire car désormais, celui-ci est tenu de saisir obligatoirement la Cour d'une telle requête[116]. Au Sénégal, l'exception d'inconstitutionnalité est reconnue mais le constituant sénégalais a opté pour une voie restreinte car elle ne peut être soulevée que devant le Conseil d'État [117]ou la Cour de cassation[118].

Les Constitutions du Niger, du Tchad et de la Côte d'Ivoire ont aussi consacré l'exception d'inconstitutionnalité et elle peut être soulevée devant les juridictions ordinaires mais il appartient en dernier recours à la Haute juridiction constitutionnelle de se prononcer[119].

Cette option africaine est très intéressante voire encourageante car le contrôle de constitutionnalité ne se résume pas seulement au fonctionnement régulier des pouvoirs publics mais encore et, surtout, il vise à assurer la protection des droits de l'homme c'est-à-dire les plus précieux de chaque individu placé sous la souveraineté de la République[120]. Le modèle africain se distingue ainsi du modèle français où le contrôle de constitutionnalité ne peut être déclenché au

[115] Article 4 de la loi organique n° 9/91 du 26 septembre 1991 modifiée par la loi 1/97 du 22 avril 1997.

[116] Cf. thèse de Ameth N'diaye sur La nouvelle juridiction constitutionnelle en Afrique et la construction de l'État de droit, *op. cit.*

[117] Article 56 de loi organique 92-24 du 30 mai 1992 relatif au Conseil d'État.

[118] Article 67 de loi organique 92-25 du 30 mai 1992 relatif à la Cour de Cassation.

[119] Bourgi, A., *op.cit.*

[120] FROMONT, M., La justice constitutionnelle en France ou l'exception française, in Mélanges en l'Honneur du professeur FRANCK MODERNE, DALLOZ, 2004, p. 167.

moment de l'application de la loi, c'est-à-dire au moment où la loi est susceptible de manifester « sa malfaisance »[121].

Il n'est point de démocratie sans reconnaissance des droits inhérents à l'homme et sans un contrôle de ces mêmes droits et libertés. Parmi ces droits, l'accès à la justice constitutionnelle consacré par la plupart des constituants africains est une dimension importante car, comme le précise Francis DELPEREE, c'est « lorsque le prétoire de la justice constitutionnelle n'est plus réservé aux seuls gouvernants, lorsqu'il ouvre ses portes aux citoyens, le constitutionnalisme ne peut que se réjouir d'une évolution qui, si elle est bien maîtrisée, peut contribuer à plus de démocratie[122] ».

Au total, le modèle africain de justice constitutionnelle n'est ni assimilable au modèle américain ni qualifiable de modèle européen au sens originel. Il s'agit d'un modèle dualiste qui a ses caractéristiques et dynamiques propres. Ce qui justifie peut-être le caractère fructueux de la justice constitutionnelle.

B. Une reconstruction fructueuse mais encore fragile

Il s'agira dans cette partie d'analyser l'impact du modèle reconstruit dans le système constitutionnel africain. En d'autres termes, il faut apprécier concrètement le rôle du juge constitutionnel par rapport au besoin d'État de droit et de protection des libertés et droits fondamentaux en Afrique. Cette réflexion se veut aussi prospective dans la mesure où elle pose quelques défis à relever par le juge constitutionnel pour parfaire le modèle africain de justice constitutionnelle.

---

[121] FROMONT, M, *Ibidem*.

[122] DELPEREE, F., Le recours des particuliers devant le juge constitutionnel, Paris, Economica, 1991, p. 8.

1. la contribution du juge constitutionnel africain à la consolidation de l'État de droit.

L'importance des juridictions constitutionnelles dans la protection des droits et libertés fondamentales et la consolidation de l'État de droit n'est plus à démontrer. En effet, le contrôle juridictionnel des lois peut contribuer à mieux faire fonctionner les régimes démocratiques. L'État de droit suppose que la liberté de décision des organes de l'État soit, à tous les niveaux, limitée par l'existence de normes juridiques supérieures dont le respect est garanti par l'intervention d'un juge. Le juge constitutionnel est donc, entre autres, la clé de voûte et la condition de la réalisation de l'État de droit. La hiérarchie des normes ne devient effective que si elle est juridictionnellement sanctionnée et les droits fondamentaux ne sont réellement protégés que si le juge marque sa présence pour en assurer la garantie.

La justice constitutionnelle africaine a subi une nécessaire reconfiguration rendue inévitable par la mondialisation et par le besoin de reconnaître à l'individu « une capacité d'interagir juridiquement avec le pouvoir et ses détenteurs »[123]. La protection des libertés est devenue un corollaire irremplaçable du principe démocratique. Pour assurer un équilibre des pouvoirs au sein de l'État de droit et garantir les droits et libertés fondamentaux des citoyens, l'intervention efficace et effective d'une justice constitutionnelle indépendante est indispensable voire irremplaçable.

Les développements récents de la justice constitutionnelle en Afrique montrent de manière inévitable que les juridictions constitutionnelles constituent des pièces maîtresses des systèmes constitutionnels africains et contribuent de manière progressive à la consolidation de l'État de droit. Ainsi, le

---

[123] BACCOUCHE, N, La justice comme nécessaire des libertés, in Justice et démocratie, Presses universitaires de Limoges, 2002.

juge constitutionnel sort peu à peu de ce silence décrié pendant longtemps par la doctrine. C'est dans cette perspective que la Cour constitutionnelle du Bénin a eu à vérifier à plusieurs reprises la constitutionnalité, soit des lois votées sur l'initiative du Président de la République, soit des ordonnances contestées par le parlement, arbitrant ainsi des conflits de compétence entre l'exécutif et le législatif[124]. Elle a aussi fait plusieurs interventions pour censurer les violations des droits fondamentaux. Dans cette mouvance, la Cour constitutionnelle a rejeté, en 1999, la demande du Président de la République d'examiner en procédure d'urgence la loi portant régime électoral communal et municipal en République du Bénin en considérant, entre autres, que la loi en question n'entrait pas dans la catégorie des textes censés, selon l'article 120 de la Constitution, porter atteinte aux droits de la personne humaine et des libertés publiques[125]. Elle a également, dès 1994 censuré la violation de la liberté d'association en se fondant sur la charte africaine des droits de l'homme et des peuples[126]. Elle a également sanctionné l'atteinte à l'égalité d'accès à la fonction publique (DCC 18-94) ou réaffirmé l'égalité des citoyens devant la loi[127].

Le juge constitutionnel africain s'est illustré aussi en matière de déclaration d'inconstitutionnalité. À titre d'exemple, la Cour constitutionnelle du Bénin a déclaré inconstitutionnelle une décision du Président de la République portant destitution d'un officier militaire[128]. Au Gabon, le

---

[124] Donfack Sokeng L., L'État de droit en Afrique, Afrique Juridique et politique, revue du CERDIP n°2, juillet -décembre 2002.

[125] DCC 99-036 extraits des grandes décisions de la Cour constitutionnelle du Bénin.

[126] DC 94-16 in Recueil des grandes décisions de la Cour Constitutionnelle du Bénin.

[127] DCC 96-26 extraits des grandes décisions de la Cour constitutionnelle du Bénin.

[128] DCC 95-029 du 17 août 1995.

juge constitutionnel a aussi déclaré inconstitutionnelle la loi organique portant élection des députés à l'Assemblée nationale[129]. Le Conseil constitutionnel sénégalais ne s'est pas marginalisé au regard de la nouvelle tendance car il a également déclaré inconstitutionnelle la loi organique sur la Cour de cassation pour non-conformité au principe d'égalité devant la loi et devant la justice[130].

Le juge constitutionnel africain s'est également révélé présent en matière électorale. Effet, il a procédé, à Madagascar, à la fin de l'année 1996, à la destitution pour violation à la Constitution, du Président de la République en cours de mandat, M. Albert ZAFY, et supervisé la tenue des élections présidentielles anticipées subséquentes, lesquelles ont conduit à l'alternance[131].

Au Mali, le Président de la République a été amené en mars 1997 à dissoudre l'Assemblée nationale avant le terme de la législature comme le lui avait suggéré la Cour constitutionnelle en vue de l'organisation des élections dans les conditions et délais exigés par la Commission électorale nationale indépendante.

Au Bénin, la Cour Constitutionnelle a contraint en 1996 le Président Mathieu Kérékou à prêter serment une seconde

---

[129] Décision 05/94/CC du 11 mars 1994.

[130] Décision n° 11/93 du Conseil constitutionnel sénégalais en date du 2 juin 1993.

[131] En effet, la haute cour de constitutionnelle a eu à arbitrer la crise politico-juridique qui opposa en 1993 le président de la république ZAFY à l'assemblée nationale, suite à un référendum organisé par celui-là et visant le renforcement de ses pouvoirs. Saisie par les deux tiers de l'Assemblée nationale à l'effet de déclarer l'empêchement définitif du président prononcé par une résolution de l'assemblée « pour violation répétée de la Constitution », la cour examinant les cinq cas de violations portés à sa connaissance, en retient deux sur la base desquels elle prononce l'empêchement définitif du président ZAFY. Cf. à l'article de A. R. RAJAONA, la juridiction constitutionnelle à Madagascar, AIJC, VIII, 1998.

fois dans le strict respect du libellé de l'article 53 de la Constitution. Plus intéressant, le même chef d'État a été rappelé à l'ordre pour avoir promulgué le 3 mai 1996 dans les conditions non conformes à la Constitution la loi organique relative à la Haute Cour de justice[132].

Le juge constitutionnel sénégalais a donné suite à une requête de trois chefs de partis d'opposition, engagés dans les élections législatives du 29 avril 2001, tendant à interdire que l'effigie du chef de l'État et un acronyme tiré du Wolof (langue nationale) rappelant son nom (WAD) figurent sur les bulletins de vote des candidats de son parti, obligeant ainsi au ministre de l'Intérieur d'appliquer immédiatement sa décision.

Au Burkina Faso, la Cour suprême a été saisie en 1994 d'un recours tendant à déclarer la déchéance de députés qui avait démissionné de leur parti d'origine sous les couleurs duquel ils avaient été élus à l'Assemblée, pour créer un nouveau parti. Analysant le recours comme une contestation électorale, la Cour suprême le rejette comme tardif, non sans se laisser aller à de développements substantiels sur la liberté des alliances politiques et ce au motif qu'elle se reconnaît le droit d'apporter un éclairage et une interprétation du système constitutionnel actuel, de nature à favoriser le respect des principes démocratiques en vue d'asseoir un véritable État de droit.

Les textes qui organisent la justice constitutionnelle en Afrique ont rendu l'accès plus facile tout en consacrant le principe de la spécialisation. Ainsi, se dessine un cadre favorable au développement d'un contentieux constitutionnel. Au Bénin, par exemple, selon l'article 24 de la loi organique relative à la Cour constitutionnelle, tout citoyen peut saisir directement la juridiction constitutionnelle par simple lettre

[132] Décision de la CC 96- 061 du 26 septembre 1996.

mentionnant l'identité du requérant et son domicile. En outre, tout citoyen, association ou organisation non gouvernementale de défense des droits de l'homme, peut transmettre à la Cour constitutionnelle les lois et actes réglementaires qui portent atteinte aux droits fondamentaux[133].

Le juge constitutionnel africain s'est montré déterminant dans la défense des droits fondamentaux et l'approfondissement de la démocratie. C'est ainsi qu'au Gabon, le juge constitutionnel a consacré la constitutionnalisation des textes et normes énumérés par le préambule[134] relatifs à la Déclaration des droits de l'homme et du citoyen. Cette même Cour a également affirmé son impartialité en précisant qu'elle n'est ni autorité gouvernementale ni autorité politique[135].

Au Bénin, la cour constitutionnelle a rendu une décision sanctionnant le Président de la République, à l'occasion d'une saisine par un particulier contre une loi organique déjà promulguée par le Chef de l'État, en déclarant que la non-transmission à la Cour constitutionnelle de ladite loi constitue un vice de procédure au regard du bloc de constitutionnalité[136].

---

[133] Par ailleurs, comme nous l'avons souligné plus haut, l'exception d'inconstitutionnalité peut être soulevée au Bénin comme au Gabon par tout citoyen et devant toutes les juridictions nationales.

[134] Décision n° 001/CC du 28 février 1992 relative au contrôle de la loi organique portant organisation et fonctionnement du Conseil national de la communication in recueil des décisions et avis de la Cour constitutionnelle du Gabon.

[135] Décision n°001/95/CC du 20 janvier 1995 in recueil des décisions et avis de la Cour constitutionnelle du Gabon

[136] Décision 08-94 du 8 avril 1994 portant contrôle de constitutionnalité de la loi n° 93-018 portant amendement de la loi organique n° 92-021 du 21 août sur la haute autorité de l'audio visuel et de la Communication in recueil des décisions et avis de la Cour constitutionnelle béninoise en 1994.

La Cour constitutionnelle béninoise s'est aussi illustrée à travers des décisions où l'autorité de la chose jugée prend le pas sur tout contrôle de constitutionnalité. Par une décision du 22 août 1993, l'assemblée plénière de la Cour suprême décide de la levée de l'immunité de Maître Agnès CAMPELL, membre de la commission béninoise des droits de l'homme[137]. Celui-ci attaque ledit arrêt pour inconstitutionnalité et violation des articles 114 alinéa 3 et 121 alinéa 2 de la Constitution ainsi que la Charte africaine des droits de l'homme et des peuples. Dans sa décision, la Cour constitutionnelle a rejeté les allégations du requérant sur la base des dispositions de l'article 141 de la Constitution mais elle a affirmé que les articles 117, 120 et 121 de la Constitution lui donnent compétence exclusive pour statuer sur la violation des droits fondamentaux. C'est dans cette volonté de protéger les droits fondamentaux que le juge constitutionnel béninois a affirmé que la réalisation de l'État de droit est une exigence constitutionnelle dont le respect s'impose à tous, notamment au pouvoir exécutif et au pouvoir législatif qui ont dès lors l'obligation de se conformer à la Constitution[138].

Il ressort de ces décisions plusieurs enseignements. Tout d'abord, le juge constitutionnel commence à jouer un rôle fondamental dans la pacification de la vie politique. En effet, lorsque majorité et opposition s'affrontent, comme dans le cas sénégalais précité[139], sur des questions importantes

[137] Décision n° 93-06 de la CC du 22 avril 1993 in recueil des décisions et avis de la Cour constitutionnelle béninoise en 1994.

[138] Décision 95-036 du 25 septembre 1995 portant contrôle de la Constitutionnalité du décret n° 95-18 du 25 janvier 1995 in recueil des décisions et avis de la Cour constitutionnelle béninoise en 1995.

[139] À titre de rappel, le juge constitutionnel sénégalais a donné suite à une requête de trois chefs de partis d'opposition, engagés dans les élections législatives du 29 avril 2001, tendant à interdire que l'effigie du chef de l'État et un acronyme tiré du Wolof (langue nationale) rappelant son nom (WAD) figurent sur les bulletins de vote des candidats

sans que les électeurs soient appelés à trancher, il est évident que le recours au juge constitutionnel pour statuer sur la loi adoptée par la majorité a la vertu d'apaiser le débat et de le rendre plus serein. La légitimité du juge constitutionnel s'impose progressivement car pour la plupart des décisions rendues, les controverses s'éteignent.

Cette dynamique jurisprudentielle contribue à la consolidation de l'État de droit en Afrique mais le juge constitutionnel constitue, à notre avis, un acteur essentiel dans le système ayant en main les outils nécessaires pour faire face à quelques défis présents ou à venir.

2. Les défis à relever par le juge constitutionnel africain

Deux grands défis doivent être relevés par le juge constitutionnel africain dans la quête d'une justice constitutionnelle respectueuse et exemplaire.

Le premier défi réside dans les rapports nouveaux que le juge constitutionnel doit avoir vis-à-vis du pouvoir politique. En effet, le juge constitutionnel a été pendant longtemps dans une situation vulnérable à cause de sa dépendance au pouvoir politique. Aujourd'hui encore, et malgré l'ouverture démocratique et la mise en place de juridictions constitutionnelles, le débat se pose encore. L'indépendance du juge vis-à-vis des autres pouvoirs n'est pas conquise de manière parfaite. Proclamer l'indépendance des juges dans les textes ou discours est une étape importante mais cela ne saurait suffire pour mettre les juges à l'abri des pressions ou de l'autocensure[140]. Partout en Afrique, l'observateur averti ne peut s'empêcher de remarquer les tentatives tantôt visibles tantôt sournoises du pouvoir politique pour asseoir son

---

de son parti, obligeant ainsi au ministre de l'Intérieur d'appliquer immédiatement sa décision.

[140] Diop, S., Justice et Politique, Afrique contemporaine, n° 156, 1990, p. 184-194.

influence sur le juge constitutionnel. La déclaration du Président Mathieu Kérékou, lors de l'installation des membres de la Cour de constitutionnelle du 17 juin 1998, est une illustration intéressante de l'influence politique du juge constitutionnel[141]. Au Niger, les interférences du chef de l'État dans les procédures judiciaires étaient telles que le palais présidentiel était surnommé la « quatrième chambre » de la Cour suprême sous le règne du général Seyni Kountché[142]. Le Président ivoirien Laurent Gbagbo ne déclarait-il pas que le palais présidentiel qu'il occupe ne sera pas un lieu pour rédiger des décisions de justice[143].

Il faut remarquer aujourd'hui que la dépendance des juridictions constitutionnelles est une réalité même si les chefs d'État ont perdu l'exclusivité de leur pouvoir de désignation ou de saisine.

Les faiblesses de l'encadrement juridique du pouvoir méritent une attention particulière car elles révèlent le poids des contraintes qui jalonnent les chantiers de l'édification de l'État de droit[144]. En Afrique, la pratique demeure celle de l'hégémonie du pouvoir exécutif et l'incapacité des pouvoirs législatifs et judiciaires, à quelques exceptions près, à s'affirmer comme de véritables contrepoids susceptibles d'exercer un contrôle efficace de l'activité gouvernementale. L'un des critères essentiels et primordiaux pour le développement de la justice constitutionnelle constitue sans aucun doute l'indépendance des juges constitutionnels. Les juridictions constitutionnelles ne pourront accomplir leur tâche que dans la mesure où elles sont indépendantes du pouvoir. Elles ne doivent être un instrument des gouvernants.

---

[141] Extraits du discours « désormais vous ne devez plus être ni des militants ni sympathisants d'aucune formation politique… » Cf. La Nation du 8 juin 1998.

[142] Issa abdourahmane, B., *op. cit.*

[143] Cf. Le Quotidien Le Patriote N° 730 du 3 janvier 2002.

[144] Donfack Sokeng, L., *op. cit.*

Le juge constitutionnel ne peut contribuer au renforcement de la démocratie et à la construction de l'État de droit qu'à partir du moment où il bénéficie de la possibilité de s'opposer au pouvoir en place.

Le second défi à relever par le juge constitutionnel africain réside dans sa capacité à se transformer en protecteur et promoteur des droits et libertés. L'affirmation de l'État de droit dans les préambules ou dans les déclarations sur les libertés, qu'ouvrent les lois fondamentales d'Afrique francophone aujourd'hui, n'a guère de signification, surtout dans le contexte constitutionnel contemporain, sans une implicite hiérarchie des normes postulant la subordination des pouvoirs législatifs et le contrôle de leurs actions par une Cour ou un Conseil constitutionnel indépendant, aux compétences relativement étendues[145]. Ainsi, les principes dégagés par les nouvelles constitutions doivent être suivis d'une garantie d'application dont le juge constitutionnel est le garant principal. En procédant à l'élaboration de nouvelles constitutions conformes à leurs aspirations, les États africains ont opéré une rupture systématique avec le passé politique de leur pays respectif. Le statut des droits et libertés dans les nouvelles constitutions s'inscrit dans une mouvance de juridicisation des droits fondamentaux et des libertés politiques sans lesquels on ne saurait parler de démocratie pluraliste. C'est une préoccupation essentielle qui a été à la base de la refondation des systèmes constitutionnels. Les États africains se réfèrent chacun, non seulement, à la Déclaration universelle des Droits de l'Homme du 10 décembre 1948, à la Charte africaine des Droits de l'Homme et des Peuples du 27 juin 1981, à la Déclaration des droits de l'homme et du citoyen de 1789 et aux droits fondamentaux, mais leur accordent une valeur

[145] André Cabanis et Michel Louis Martin, Les constitutions d'Afrique francophone, Évolutions récentes, Kathala, 1999, p. 159.

constitutionnelle en affirmant que le préambule est un élément indissociable des autres normes constitutionnelles[146].

Dans cette perspective de constitutionnalisation des droits et libertés, le juge constitutionnel africain a un rôle primordial à jouer. Ainsi, le Conseil constitutionnel sénégalais a eu à statuer dans sa décision n° 15.93 du 27 juillet 1994 relative au statut des magistrats, le texte litigieux par lequel le gouvernement avait fait voter par le parlement une réforme de recrutement des juges facilitant l'accès à la magistrature de certains agents de l'État titulaires de la maîtrise en droit et dotés d'une expérience solide dans l'administration. À cette occasion, le juge constitutionnel sénégalais a déclaré qu'une telle facilité d'accès au corps de la magistrature offerte aux agents de l'État par les pouvoirs publics était contraire au principe de l'indépendance des juges garanti par la Constitution et au principe d'égalité également reconnu par la Charte fondamentale. Le juge a marqué, à travers cette décision, sa volonté ferme de protéger la Constitution en affirmant aussi l'indépendance des juges[147].

Mais au-delà de son rôle de protecteur des droits fondamentaux, le juge constitutionnel africain doit être plus entreprenant (pour maintenir les acquis dans la quête permanente de l'État de droit) en posant des principes supra constitutionnels. Son homologue allemand a posé, dans ses décisions du 23 avril 1991[148], l'existence de principes supra constitutionnels, et s'est reconnu lui-même compétent pour

[146] Pour le Professeur Joseph Owona *"les droits et libertés fondamentales sont garantis de trois manières : La constitutionnalisation du préambule, la définition dans le corps de la constitution des droits et des libertés et la reconnaissance de la primauté du droit international"*.

[147] Décision du Conseil constitutionnel sénégalais n° 15.93 du 27 juillet 1994 relative au statut des magistrats.

[148] Décisions du 23 avril 1991 sous les commentaires de O. Jouanjan, AIJC, 1991, p. 91.

les protéger contre les lois de révision constitutionnelle. Les juges allemands considèrent à partir de ce moment que la substance des droits fondamentaux est hors d'atteinte du pouvoir constituant, même originaire, dans la mesure où ils sont indispensables au maintien d'un ordre juridique.

En Afrique, cette démarche est nécessaire dans la logique de la promotion des droits fondamentaux et de l'approfondissement de la démocratie. Les juges italiens partagent cette nouvelle tendance car la cour constitutionnelle a réaffirmé que la Constitution contient des principes qui ne peuvent être renversés ni modifiés dans leur teneur essentielle, ni par les lois de révision constitutionnelle, ni par d'autres lois constitutionnelles. Ainsi, ils reconnaissent des valeurs supérieures sur lesquelles se fonde la Constitution italienne du 9 février 1948[149].

Sur ce point, nous nous démarquons de la solution française qui oppose le caractère illimité du pouvoir constituant, pour inviter le juge constitutionnel africain à poser des principes supra constitutionnels. De toute façon, certaines constitutions africaines comme celles du Sénégal et du Gabon ont réduit l'étendue de la révision constitutionnelle en excluant certains principes[150].

Le moment est venu maintenant de conclure pour affirmer de manière claire, que le modèle africain de justice constitutionnelle ne peut ni être classé dans le modèle européen de justice constitutionnelle, du moins dans son

---

[149] Pizzorusso, A. et Rossi, E, Rapport Italie, in Révision de la Constitution et justice constitutionnelle, IJC, 1994 cité par Ameth N'diaye, *op. cit.*

[150] L'article 117 de la Constitution du Gabon dispose « la forme républicaine, ainsi que le caractère pluraliste de la démocratie sont intangibles et ne peuvent faire l'objet d'aucune révision. »
L'article 103 de la Constitution du Sénégal stipule « la forme républicaine de l'État ne peut faire l'objet de révision ».

état pur, encore moins dans le modèle américain de justice constitutionnelle.

Aujourd'hui, on constate une expansion notable de la justice constitutionnelle en Afrique et, parallèlement, toujours plus d'éléments communs entre les juridictions constitutionnelles elles-mêmes au niveau de l'organisation, de la procédure, des motifs des décisions et des avis[151]. Mais la tendance en Afrique comme ailleurs est la convergence des modèles européens et américains. D'ailleurs, devant cette nouvelle donne, une partie de la doctrine conteste même la pertinence de la bipolarisation des modèles. C'est ainsi que le professeur Franscisco Fernandez SEGADO parle de l'obsolescence de la tradition polarité « système américain » versus « système européen-kelsénien[152]. Le professeur Pegoraro[153] lui-même voit une espèce de troisième modèle qui intégrerait des caractéristiques du système américain et du système Kelsénien, comprenant du même coup une mixture de formules ou de mécanismes procéduraux dont le dénominateur commun consisterait en ce que le contrôle de constitutionnalité reste encore entre les mains d'un organe

---

[151] Les tendances à l'intégration des justices constitutionnelles sont très encourageantes. Au niveau international, des échanges d'idées en la matière se font par des relations de nature mi-formelle. Sous de nombreux aspects, les rencontres de travail périodiques des Cours constitutionnelles ont une signification de grande portée: grâce à elles, la jurisprudence constitutionnelle s'affirme et s'approfondit.

[152] Fernandez SEGADO, F., La faillite de la bipolarité « Modèle américain – modèle européen en tant que critère analytique du contrôle de la constitutionnalité et la recherche d'une nouvelle typologie explicative, in mouvement du droit public, du droit administratif au droit constitutionnel, du droit français aux autres droits, Mélanges en l'Honneur du professeur FRANCK MODERNE, DALLOZ, 2004, p. 1077.

[153] Pegoraro, L., Lineamenti di guistizia costituzionale comparata, Turin, G. Giappichelli, Editore, 1998, p. 27 cité par Francisco Fernandez SEGADO, *op. cit.*

centralisé, l'élément « de diffusion » se trouvant dans la phase d'introduction du procès, et non dans la phase décisoire.

Au surplus, la doctrine évoque l'éventualité d'un quatrième modèle qui engloberait des pays comme la Grèce, le Portugal où coexistent le contrôle diffus et le contrôle concentré[154].

Toutefois, le modèle africain de justice constitutionnelle ne peut être rattaché ni au troisième (car quelques pays africains comme le Bénin serait exclu de la systématisation), ni au quatrième du fait qu'il existe des choix qui s'en éloignent.

Il ressort donc de ce panorama de droit comparé une impossibilité absolue voire même une inopportunité certaine de vouloir reconduire la bipolarité des modèles dans le contexte africain. Il n'est pas non plus réaliste de décrire la situation de la justice constitutionnelle africaine sans une tentative de modélisation[155].

Les modèles se construisent et s'établissent en fonction de leur finalité poursuivie. Mais dans le contexte africain, nous pouvons dire qu'il existe un modèle hybride qui combine, d'une part le système centré sur la loi selon lequel le juge apparaît comme un législateur négatif et qui se caractérise par un recours (abstrait) direct en inconstitutionnalité[156] et

---

[154] *Ibidem*, p. 1101.

[155] Une partie de la doctrine analyse la justice constitutionnelle en préférant parler de tendance par rapport de la bipolarité des modèles. Il s'agit du cas du Pr. Albert Bourgi dans son article précité sur l'évolution du constitutionnalisme en Afrique.

[156] La contestation de la loi s'effectue dans les termes purement abstraits, c'est-à-dire sans tenir compte de son éventuelle application concrète ni de l'interprétation qui a pu en être donnée par le juge ordinaire.

d'autre part, le système centré sur la protection des droits qui a pour finalité directe la sauvegarde des droits[157].

D'une justice constitutionnelle bloquée, on est passé grâce à une reconstruction du modèle africain, à une justice constitutionnelle dynamique et fructueuse avec l'émergence de véritables juridictions constitutionnelles qui ont prouvé à l'occasion de plusieurs décisions que « les temps ont changé ». Dans cette dynamique, le juge constitutionnel africain s'est érigé en véritable protecteur des libertés et droits fondamentaux contribuant ainsi à une consolidation progressive de l'État de droit en Afrique.

157 Rubio LLorente, F., Tendances actuelles de la juridiction constitutionnelle en Europe, AIJC, 1996, p. 13.

DEUXIÈME PARTIE

L'EXCEPTION D'ILLÉGALITÉ DANS LE SYSTÈME JUDICIAIRE SÉNÉGALAIS

Le droit administratif est devenu jusqu'à une période récente la discipline reine, autour de laquelle gravitaient tous les savoirs administratifs[1]. Ce résultat est le fruit, en large partie, de la dualité de juridictions qui a permis le développement non seulement du droit administratif mais aussi du contrôle de l'administration[2].

Mais cette discipline est aujourd'hui confrontée à des facteurs de déstructuration qui font subir au droit administratif une déstabilisation qui affecte le contenu de ses propres règles[3]. Le juge administratif est aujourd'hui concurrencé non seulement par les juges constitutionnel et communautaire mais aussi par le juge judiciaire, par la pénétration croissante des rapports juridiques administratifs par le droit privé[4].

---

[1] Jacques CHEVALIER, Le droit administratif entre Science administrative et droit constitutionnel in Le droit administratif en mutation, Paris, PUF, 1993, p. 13.

[2] Cette hégémonie du droit administratif résultait de la consolidation progressive d'un champ d'intervention spécifique renforcé par l'indépendance du juge administratif et les progrès de la jurisprudence mais aussi par un travail de systématisation doctrinal débouchant sur la constitution d'une véritable discipline.

[3] Jean-Bernard AUBY, La bataille de San Romano, Réflexions sur les évolutions récentes du droit administratif, AJDA, n° 11, novembre 2001.

[4] Ces facteurs sont la globalisation du monde, qui lui fait subir l'influence de normes et standards externes, la désétatisation de la

C'est dans ce contexte de pénétration du champ administratif par le juge judiciaire[5] que s'inscrit cette étude sur les évolutions récentes du droit administratif sénégalais notamment une réflexion sur l'exception d'illégalité dans le système judiciaire sénégalais. Cette notion consiste en ce que, à propos d'un procès intéressant l'application d'un acte administratif, l'intéressé invoque l'illégalité et donc l'inapplicabilité de l'acte administratif[6]. Cette exception permet d'invoquer l'illégalité d'un acte en vue de faire annuler un autre acte qui en est l'application. Son originalité et non moins son immense qualité tiennent à ce que son usage est perpétuel à l'encontre des actes réglementaires.

Cette réflexion pose la problématique des compétences à l'égard des questions d'appréciation de la légalité des actes administratifs devant les juridictions sénégalaises.

Ces questions présentent un grand intérêt surtout au regard de l'efficacité de la justice administrative et du principe de la séparation des autorités administratives et judiciaires qui fonde l'autonomie du droit administratif[7].

---

société qui réduit l'espace de l'État au profit de celui du citoyen et de celui du marché, la décentralisation du pouvoir, qui s'incarne à la fois dans la décentralisation territoriale et dans la démultiplication de l'appareil d'État.

[5] Sur ce point voir Serigne Diop, Quelques réflexions sur le code des obligations de l'administration du Sénégal, RIPAS, n° 16, janvier juin 1987, p. 95.

[6] L'expression peut cependant avoir un deuxième sens qui ne nous concerne pas ici. Il s'agit du cas d'un acte réglementaire qui n'a pas été attaqué par la voie d'un recours pour excès de pouvoir dans le délai du recours contentieux. Si l'administration prend un acte tendant à l'application de ce règlement, l'illégalité de ce règlement pourra être invoquée à l'appui d'un recours pour excès de pouvoir contre cette décision d'application.

[7] Sur ce point voir la thèse d'Alioune Badara FALL, La responsabilité extra-contactuelle de la puissance publique au Sénégal : Essai de transposition des règles de droit administratif français dans un pays d'Afrique Noire francophone, Thèse, Bordeaux I, 1994, 2 tomes.

Dès lors, l'enjeu de la question porte sur l'avenir du droit administratif dans le système juridique sénégalais au regard des questions relatives au contentieux de l'appréciation et de l'interprétation de la légalité des actes administratifs.

En effet, le droit sénégalais a pendant longtemps ignoré la dualité des ordres juridictionnels s'éloignant ainsi du modèle français lié à l'existence d'une juridiction administrative autonome. Cette dernière est née de la combinaison de la méfiance des révolutionnaires à l'égard des tribunaux judiciaires et de la nécessité d'assurer un contrôle juridictionnel de l'administration.

Toutefois, le modèle sénégalais reste fortement marqué par le droit administratif français[8]. Cette influence s'explique du fait que pendant la période coloniale, la France appliquait déjà le droit administratif dans ses colonies africaines[9]. Après les indépendances, les pays africains n'ont pourtant pas repris exactement le modèle d'organisation judiciaire de la France[10]. Contrairement à la France, le Sénégal a adopté un système d'unité de juridiction mais à dualité du contentieux[11]. Le juge de l'administration est en principe le juge ordinaire qui dispose ainsi d'une compétence de droit commun en toute matière. Le seul point important du contentieux administratif, qui lui échappe, est constitué par

---

[8] DIAGNE M., L'efficacité du contrôle exercé sur l'administration sénégalaise, Thèse de doctorat d'État, Aix-en-Provence, 1990.

[9] Voir TC 22 janvier 1921, SCOA, GAJA, 10 édition.

[10] Ce modèle français est bâti autour d'une dualité de juridictions, c'est-à-dire qu'il comprend, d'une part, un ordre de juridiction administratif coiffé par un Conseil d'État et compétent en matière de contentieux administratif et, d'autre part, un ordre de juridiction judiciaire avec, à sa tête une Cour de Cassation compétente pour connaître les affaires civiles. Et un tribunal des conflits est chargé de veiller à la répartition des compétences entre ces deux ordres de juridictions.

[11] Les règles de procédure en matière administrative présentent certaines différences avec la procédure ordinaire.

le recours pour excès de pouvoir porté directement devant la Cour suprême.

L'adoption du modèle de l'unité de juridictions s'est traduite au Sénégal par la création d'un seul ordre de juridictions qui connaît de tous les litiges, quelle que soit leur nature[12]. Parmi ces litiges, on trouve évidemment ceux mettant en cause l'administration et soumis au droit administratif.

À titre de rappel, l'absence d'une juridiction administrative spécialisée était l'un des facteurs explicatifs de l'inefficacité du droit administratif au Sénégal[13]. Pour combler ces lacunes, le Sénégal va créer une juridiction administrative notamment le Conseil d'État à travers la loi organique n° 92-24 du 30 mai 1992. Cette spécialisation était une préoccupation essentielle du législateur sénégalais[14]. La réforme judiciaire de 1992 avait ainsi consacré la dualité de juridiction au sommet de la hiérarchie judiciaire avec la création du Conseil d'État[15] de la Cour de Cassation[16] et du Conseil Constitutionnel[17].

---

[12] Il faut entendre par ordre de juridictions, selon le professeur MORAND-DEVILLER, un « ensemble de juridictions constituant une hiérarchie unique et soumises au contrôle d'une cour souveraine », *Cours de droit administratif*, Paris, Montchrestien, 3e édit., 1993, p. 12.

[13] 13 SY D., « Réflexions sur la création du droit administratif par le juge administratif », Revue de l'Association sénégalaise de droit pénal, janvier 1996.

[14] 14 MBODJ E., « les incidences de la réforme judiciaire du 30 mai 1992 sur le contentieux administratif sénégalais », RASDP, 1995 p. 21 et s. DIAGNE N'D.M., les méthodes et les méthodes du juge en droit administratif en droit administratif sénégalais, Thèse de doctorat d'État, UCAD, 1995.

[15] 15 Loi organique 92-24 du 30 mai 1992, JORS n° 5469, p. 243 modifié par une loi organique de 1996.

[16] 16 Loi organique n° 92.25 du 30 mais 1992, JORS n° 5469.

[17] 17 Loi organique n° 92.23 du 30 mai 1992, JORS n° 5469

Mais, une dizaine d'années, après la réforme de 1992, l'on constate paradoxalement une tendance générale à un retour au système de l'unité de juridiction. En effet, la loi organique n° 2008-35 du 07 août 2008 portant création de la Cour suprême précise dans son exposé des motifs qu'à l'expérience, la réforme de 1992 a révélé, après évaluation, des lacunes[18].

Cette nouvelle réforme judiciaire a relancé le débat autour de l'avenir du droit administratif sénégalais dans un système d'unité de juridiction.

Dans le système français de la dualité de juridictions, lorsque le problème de l'interprétation et de l'appréciation de la légalité des actes administratifs est soulevé devant les tribunaux judiciaires, en principe, il y a question préjudicielle. Au Sénégal, le problème se pose autrement.

[18] 18 L'exposé des motifs précise qu'il a été constaté entre autres que : * l'insuffisance des moyens, combinée à la faiblesse des effectifs des magistrats, a provoqué l'émergence de difficultés à concilier les impératifs de gestion des services et des procédures avec les objectifs d'amélioration de la qualité institutionnelle de la justice ; * L'institution d'une pluralité de juridictions supérieures a mis le pouvoir judiciaire en situation de ne plus être en mesure d'accomplir, comme auparavant, sa mission fondamentale, qui est d'assurer l'égalité des citoyens par le droit ; Ce qui rend ainsi improbable l'unicité de la jurisprudence dans l'intérêt des justiciables et de la justice ; * le relâchement dans l'organisation du service public de la justice et dans la mise en œuvre des procédures de gestion s'est accentué. Le fait est que, la réforme judiciaire de 1992 ne reposait pas sur une bonne connaissance des coûts de la justice. En effet, la plupart des objectifs visés par la loi n° 92-22 du 30 mai 1992 portant révision constitutionnelle, n'ont pas été atteints surtout en ce qui concerne : * la spécialisation des magistrats, aujourd'hui confrontés à des questions nouvelles dans le contexte de la mondialisation des dispositifs juridiques et judiciaires ; * le traitement des affaires dans un délai raisonnable ; * l'utilisation rationnelle des ressources budgétaires allouées à la justice.

Tout d'abord, aux termes de l'article 4 de la loi du 2 février 1984 portant organisation judiciaire au Sénégal[19] « sous réserve des compétences d'exception, en premier et dernier ressort du Conseil d'État, de la Cour d'Appel, des Cours d'Assises et en premier ressort des tribunaux du travail, des tribunaux départementaux et des organismes administratifs à caractère juridictionnel, les tribunaux régionaux sont juges de droit commun en première instance en toutes matières ». À travers cet article, il apparaît que le tribunal régional est juge de droit commun en première instance en matière de contentieux administratif au Sénégal[20]. Cette disposition traduit le choix du système sénégalais de l'unité de juridiction à la base qui entraîne, entre autres conséquences, la suppression des questions préjudicielles devant le tribunal régional, juge de droit commun en toutes matières saisi d'un litige dont la solution dépend de l'interprétation ou de l'appréciation de la légalité d'un acte administratif.

Ensuite, intervient une situation complexe avec la nouvelle loi organique portant sur la Cour Suprême[21]. Avant la réforme de 2008 instituant la Cour suprême[22], lorsque le problème de l'appréciation de la légalité des actes administratifs était soulevé devant la Cour de Cassation, une question préjudicielle se posait. Le choix de la dualité de juridiction interdisant à la Cour de Cassation de troubler les opérations administratives, celle-ci devait se déclarer incompétente pour apprécier la légalité des actes administratifs, surseoir à statuer, et renvoyer la question

[19] 19 J.O.R.S n°4992 DU 3 MARS 1984, p. 124.

[20] 20 Loi n°84-19 du 3 mars 1984, JORS n°4992.

[21] 21 Loi n°2008-35 du 07 août 2008 sur la Cour Suprême.

[22] 22 Loi n°2008-35 du 07 août 2008 sur la Cour Suprême.

préjudicielle soulevée au juge administratif qui est le juge du Conseil d'État[23].

La nouvelle réforme judiciaire de 2008 instituant la Cour suprême a introduit une nouvelle situation avec quatre chambres en son sein. Chaque chambre instruit et juge les affaires de sa compétence soumises à la Cour suprême : la chambre pénale, la chambre civile, la chambre sociale et la chambre administrative.

C'est ainsi que l'article 19 dispose que la chambre administrative connaît des pourvois en cassation en matière administrative[24].

Dans ce nouveau système, il est clair que lorsque la question d'exception d'illégalité est soulevée devant l'une des chambres de la Cour suprême, il y a, en principe, question préjudicielle. Mais cette question de principe peut être remise en cause car aux termes de l'article 11 de la loi 2008-35 du 7 août 2008 sur la Cour suprême, le premier président peut réunir les membres de la Cour en assemblée intérieure pour délibérer sur toutes les questions intéressant

---

[23] En effet, il faut rappeler qu'aux termes de l'article 36 de la loi organique n°92-25 sur la Cour de Cassation lorsque la solution d'un litige était portée devant la Cour de cassation était subordonnée à l'appréciation de la légalité d'un acte administratif, la formation compétente pour connaître du litige saisissait obligatoirement le Conseil d'État de l'exception d'illégalité soulevée et sursoyait à statuer jusqu'à ce que le Conseil d'État se soit prononcé sur la légalité de l'acte (Loi organique n° 92.25 du 30 mai 1992, JORS n° 5469).

[24] Il est aussi juge en premier et dernier ressort de l'excès de pouvoir des autorités exécutives, ainsi que de la légalité des actes des collectivités locales ; elle est compétente, en dernier ressort, dans les contentieux des inscriptions sur les listes électorales et les élections aux conseils des collectivités locales. Et d'une manière générale, elle juge les contentieux qui lui sont dévolus par le code électoral. 25

NZOUANKEU, J. M ; Remarques sur quelques particularités d'un droit administratif sénégalais, RIPAS, n°9, janvier-mars 1984, p. 1.

la juridiction. Ce qui complexifie le sort réservé à l'exception d'illégalité devant la Cour suprême.

Il convient de préciser comme le recours pour excès de pouvoir, le recours en appréciation de la légalité pose au juge une question de droit objectif, relative à la légalité de l'acte administratif. En effet, l'appréciation de la légalité des actes administratifs par les tribunaux judiciaires les amène nécessairement à s'ériger en censeurs de l'administration et par suite à s'ingérer dans les opérations administratives. Il s'agit donc d'un contentieux sur la régularité de l'acte[25], raison pour laquelle une telle compétence ne peut être exercée que par des juges spécialisés.

Dans le système sénégalais d'unité de juridiction, les juridictions de première instance sont compétentes pour interpréter et apprécier la légalité des décisions des diverses autorités administratives[25]. Le système de l'unité de juridiction ne tient pas compte non plus de la distinction entre les actes administratifs à caractère réglementaire et les actes administratifs à caractère individuel.

Cette tendance à la privatisation des règles de droit public trouve son fondement dans l'histoire du droit

---

[25] Le juge de première instance est, aux termes de la loi fixant l'organisation judiciaire, juge de droit commun en toutes matières. Il est notamment compétent pour statuer sur les actions tendant à mettre en cause la responsabilité contractuelle ou extracontractuelle des collectivités publiques, sur celles relatives au contentieux fiscal, au contentieux portant sur les avantages pécuniaires et statutaires des agents publics et, enfin, sur les cas d'interprétation et d'appréciation de la légalité des décisions administratives lorsque la question est posée par voie d'exception. Dérogent à la compétence du juge de droit commun les litiges dont le règlement est confié à la Cour d'Appel (élections administratives) et à la deuxième section de la Cour Suprême (recours pour excès de pouvoir). L'appel et le pourvoi en cassation formés contre les décisions rendues en matière administrative par les juges de première instance relèvent respectueusement de la compétence de la Cour d'Appel et de celle de la deuxième section de la Cour Suprême

administratif. En effet, les fondements historiques du droit administratif lui ont valu de partager dès l'origine avec le droit privé l'empire des activités administratives[26]. Ce n'est pas faute, pour les auteurs des premières grandes synthèses, écloses en cette matière au siècle dernier, d'avoir recherché un critère à partir duquel pourrait être définie, dans la clarté, la frontière venant délimiter le territoire assigné à l'un et à l'autre de ces droits[27]. La réalité du droit contraignit à y introduire des dérogations si importantes que sa valeur en devenait immédiatement problématique. Dans la sphère de la gestion, les règles applicables aux contrats étaient, comme Laferrière le savait parfaitement, autrement « plus complexes » et ce n'est pas en imaginant, comme il le fit, l'existence d'« actes de puissance publique auxquels s'ajoute un élément contractuel » qu'on clarifiait vraiment les choses[28].

---

[26] La coexistence de ces deux corps de normes, depuis lors, n'a pas cessé de s'opérer dans une atmosphère qui ne fut jamais sereine ni transparente.

[27] Après Léon d'Aurcoc, qui s'était orienté dans cette voie à la fin du Second Empire, Édouard Laferrière, comme chacun sait, a retenu l'idée qu'il suffisait de prendre en considération « ce qui excède ou non les facultés des citoyens », les actes de puissance publique, objet du droit administratif, recouvrant la première hypothèse, ceux de gestion, abandonnée au droit privé, la seconde. Le principe était clair.

[28] L'existence d'un régime dérogatoire au droit commun, en matière de responsabilité contractuelle, ébranlait encore davantage un système élevé à partir de la notion de gestion, puisque l'appréciation des préjudices, causés justement par une gestion dommageable des services publics, devant échapper aux règles du Code Civil. Pour répondre à une attente qu'il jugeait « fort louable », Hauriou ne préconisait rien de moins que d'exclure, hormis dans l'administration du domaine privé, toute application des règles du droit commun. La logique lui semblait satisfaite, puisqu'en matière de gestion contractuelle aussi, « il n'y a pas de situation d'égalité, qui est le propre de la vie privée et s'y manifeste au contraire d'une subordination qui sont les caractéristiques de la puissance publique.

L'évolution de la jurisprudence, en tout cas, en prenait à son aise avec la doctrine. À la fin du siècle dernier, elle en était arrivée à un point tel que, comme le notait Hauriou, « les nouvelles générations qui arrivent au droit administratif apportent de plus en plus le goût des théorèmes simples et logiques », alors qu'elles n'y découvrent que « confusion »[29]. Qu'elle vienne restreindre ou étendre le champ du droit administratif, la référence au droit privé voire aux comportements des particuliers continuait à hanter, on le voit, les esprits[30].

Dans ce contexte sénégalais, la question est de savoir si la coexistence du droit administratif et du droit privé (par l'intervention des juges judiciaires) constitue une source d'enrichissement ou une menace pour le maintien de l'autonomie du premier[31].

Dès lors, une interrogation s'impose : l'appréciation de la légalité des actes administratifs par le juge ordinaire risque-t-elle de faire évoluer le droit administratif vers une certaine banalisation qui le rapprocherait du droit privé ou

---

[29] DIAGNE N.M., *op. cit.*

[30] On la retrouve encore au cœur du raisonnement des commissaires du gouvernement, en un temps où le service public tend à devenir le lieu d'imputation des normes administratives. Car, si G. Teissier y était réticent, c'est la doctrine esquissée par David dans l'arrêt Blanco qui va se trouver consacrée, laissant à l'extérieur du droit administratif, selon les mots de Romieu, « les circonstances où l'administration doit être réputée agir dans les mêmes conditions qu'un simple particulier ». par les fameuses conclusions qu'il déposa dans l'affaire non moins célèbre des Granits porphyroïdes des Vosges, auxquelles se rallia le Conseil Léon Blum enracina définitivement le couple gestion publique/gestion privé au centre du droit de l'administration, abandonnant au Code Civil la seconde des formes, puisque s'y trouvent rangés des actes à la portée de tout le monde, accomplis dans les mêmes conditions que quiconque, c'est-à-dire sans que soit établie la moindre relation entre le cocontractant de l'administration et le public.

[31] BOCKEL, A., Sur la difficile gestation d'un droit administratif sénégalais, Annales Africaines, 1973, p. 137 et S.

vers une accentuation de son autonomie vis-à-vis des autres branches du droit ?

L'importance de cette question se justifie si l'on sait que l'avenir du droit administratif dépend d'un certain nombre de paramètres parmi lesquels la spécialisation du juge constitue une dimension indispensable[32].

En définitive, il résulte que, au Sénégal, l'exception d'illégalité est soumise à un régime ambigu. Cette ambiguïté résulte du fait que l'appréciation de la légalité des actes administratifs est une question clairement définie à la base (I) et une question floue devant la Cour suprême.

Titre 1 : L'appréciation de la légalité des actes administratifs, une question clairement définie à la base

L'ordonnance n° 60.56 du 14 novembre 1960 fixant l'organisation judiciaire avait introduit l'unité de juridiction en posant le principe selon lequel les diverses juridictions énumérées connaissent de toutes les affaires civiles, commerciales et pénales et de l'ensemble du contentieux administratif. La réforme de l'organisation judiciaire de la loi du 2 février 1984 a confirmé ce choix de l'unité de juridiction à travers son article 4. Aux termes de cet article, sous réserve des compétences d'exception, en premier et dernier ressort du Conseil d'État, de la Cour d'Appel, des Cours d'Assises et en premier ressort des tribunaux du travail, des tribunaux départementaux et des organismes administratifs à caractère juridictionnel, les tribunaux régionaux sont juges de droit commun en première instance en toutes matières. Cette compétence de

---

[32] Voir la loi du 19 juillet portant Code des Obligations de l'Administration, JO. 23 août 1965, numéro spécial ; D.G. LAVROFF : « le Code sénégalais des Obligations de l'Administration », Penant, 1966, pp. 1 et s. ; Serigne DIOP : « Quelques remarques sur le Code des Obligations de l'administration du Sénégal », *R.I.P.A.S* n° 16, janvier-juin 1987, pp. 95 et s.

droit commun englobe le contentieux administratif[33] y compris l'interprétation et l'appréciation de la légalité des actes administratifs.

La réforme 2008-35 du 07 août 2008 sur la Cour Suprême n'a pas voulu changer le système concernant la compétence de droit commun du tribunal régional en matière de Contentieux administratif.

Les compétences du Tribunal régional et de la Cour d'Appel ne changent pas. La réforme ne bouleverse pas les compétences du tribunal régional encore moins celles de la Cour d'appel. Le tribunal régional demeure compétent en toutes matières et aussi juge de droit commun en matière administrative. Ses décisions peuvent être attaquées devant la Cour d'appel.

Le Sénégal a ainsi opté un système d'unité à la base, ce qui implique une continuité en ce qui concerne les tribunaux de base et les cours d'appel[34]. Ainsi, le législateur a maintenu la plénitude de juridiction en matière d'appréciation et d'interprétation des actes administratifs devant les juridictions de première instance. Mais ce choix qui entre dans une logique de simplification du système du contentieux administratif sénégalais (A) est discutable à plusieurs points de vue (B).

A. Un choix justifié par une logique de simplification

En droit sénégalais, les tribunaux régionaux ainsi d'ailleurs que toutes les juridictions[35], sont compétents pour se prononcer sur les questions incidentes, soulevées

---

33 Sous réserve des compétences attribuées spécifiquement au Conseil d'État.

34 Sy Demba, La justice administrative entre continuité et changement, in Droit sénégalais, n°5, Presse de l'Université des Sciences sociales de Toulouse, Novembre 2006, p. 193.

35 Alain BOCKEL, Droit administratif, Dakar, NEA, 1978.

au cours d'une instance dont ils sont saisis, et portant sur l'interprétation ou sur l'appréciation de la légalité des actes administratifs. C'est une application du principe selon lequel le juge du fond est juge de l'exception. Cette compétence est une simplification considérable par rapport au droit français[36]. Au Sénégal, le tribunal n'a pas à surseoir à statuer[37], il doit se prononcer lui-même sur la régularité de la décision en cause. Il s'agit, comme nous l'avons déjà évoqué, d'une application du principe selon lequel le juge du fond est juge de l'exception. C'est ce principe qui a reçu application dans les affaires Waly SARR et Cheikh Anta DIOP[38].

Dans l'affaire Waly SARR, se posait devant le juge de première instance statuant en matière civile le problème de l'appréciation de la légalité d'un acte administratif. Les faits étaient les suivants : les héritiers Fatou DIOP demandaient au Tribunal de Première Instance de Saint-Louis l'expulsion du sieur Waly SARR du terrain qu'il occupait, lequel leur avait été attribué par une délibération du Conseil municipal de Saint-Louis en date du 22 mai 1950. Devant le Tribunal de Première Instance de Saint-Louis, le sieur Waly SARR soulève l'exception d'illégalité contre ladite délibération du conseil municipal ; soutenant qu'elle était prise en violation d'une délibération du Conseil général en date du 13 octobre 1913 ainsi que des arrêts du Gouverneur du Sénégal des 17 février 1914 et 9 septembre 1920. Le Tribunal de Première Instance de

[36] En France, si cours d'un litige se pose le problème de la légalité ou du sens d'un acte administratif le tribunal ordinaire doit surseoir à statuer et renvoyer l'affaire devant le juge administratif, seul compétent pour se prononcer lui-même sur la régularité de l'acte.
[37] Contrairement à la Cour de Cassation dans le cadre de l'article 36 précité.
[38] CS 5 juillet 1961, Waly SARR C/Commune de Saint-Louis et Trib. Dakar 7 avril 198M P c/Cheikh Anta DIOP.

Saint-Louis se déclare incompétent, sursoit à statuer, et dit que le sieur Waly SARR devra se pourvoir devant la juridiction compétente. Le requérant saisit alors le Conseil du Contentieux administratif, par requête du 19 novembre 1958. Par ordonnance du 14 décembre 1960 le Président du Conseil du Contentieux se dessaisit de l'affaire et la transmet à la Cour suprême en date du 17 janvier 1961[39]. La Cour suprême se déclare incompétente pour en connaître au motif que le recours en appréciation de validité des actes administratifs ne rentre pas dans ses compétences, mais relève du Tribunal de Première Instance, juge de droit commun de l'ensemble du Contentieux administratif, que c'est par une inexacte application de la loi que le Conseil du Contentieux administratif a transmis le dossier à la Cour suprême et par suite qu'il y a lieu de renvoyer le requérant devant le Tribunal de Première Instance de Saint-Louis[40]. En se déclarant incompétente pour connaître en premier ressort du recours en appréciation de la validité des actes administratifs sénégalais, la Cour suprême a contribué à l'éclatement du contentieux de la légalité, ce qui, semble-t-il, a entraîné des conséquences au regard du principe de la séparation des autorités administratives et judiciaires.

L'inconvénient du système ainsi institué et consacré par la Cour suprême, c'est non seulement de supprimer l'unité du contentieux de la légalité en confiant à des juridictions distinctes le recours pour excès de pouvoir et le recours en appréciation de la légalité des actes administratifs mais aussi de confier à des juges non spécialisés la possibilité d'interpréter et d'apprécier la légalité des actes administratifs.

Dans le jugement Cheikh Anta DIOP, le Tribunal de Première Instance, siégeant en matière correctionnelle

---

[39] Le Conseil du Contentieux ayant été supprimé pour compter du 14 novembre 1960.

[40] JACQUES MARIEL NZOUANKEU, GDJAS, p. 51 et s.

devait statuer sur une citation du ministère public contre le sieur Cheikh Anta DIOP prévenu d'avoir fait ou tenté de faire fonctionner une association sans enregistrement ou sans autorisation préalable. L'association dont il s'agit n'est autre que le Rassemblement national démocratique (RND) parti politique dont le prévenu est le principal fondateur. Ce parti politique a été reconnu après la révision constitutionnelle du 6 mai 1981 instituant le multipartisme illimité, mais ses débuts avaient été difficiles. Cheikh Anta DIOP avait en effet demandé la reconnaissance de son parti dès le 8 février 1976 et, malgré le refus qui lui avait été alors opposé par l'Administration faisait fonctionner son parti comme s'il s'agissait d'un groupement autorisé. Ce sont ces faits qui devaient amener le parquet à entreprendre des poursuites qui allaient aboutir à la présente affaire.

Devant le Tribunal correctionnel, le prévenu soulève l'exception d'illégalité contre le refus d'enregistrement de son parti politique. Le tribunal accueille ce moyen et relaxe le prévenu par le motif que la décision de « refus d'enregistrement dudit parti politique… est manifestement illégal alors qu'elle sert de fondement aux poursuites dirigées contre lui »[41]. Dans cette affaire, le juge sénégalais s'est inspiré manifestement de la jurisprudence française en précisant deux conditions à la base de l'exception de l'illégalité : l'acte doit constituer le fondement de la poursuite ou le moyen de défense ; l'acte doit être illégal[42].

---

[41] Cf. Trib. Dakar 7 avril 1981, M P c/Cheikh Anta DIOP.

[42] Le 3 février 1976, le RND demande son récépissé d'enregistrement à la gouvernance de la région du Cap-Vert, conformément à la gouvernance à la loi n° 75-68 du 9 juillet 1975 relative aux partis politiques. Le 23 février 1976, le Président de la République déclare au Journal « le Soleil » que le récépissé ne serait pas délivré au RND avant que ne soit organisée la coexistence des partis sur le plan réglementaire. Le RND considère cette déclaration présidentielle comme une décision de rejet de sa demande de récépissé, et intente contre ladite décision un

Le choix sénégalais de la plénitude de juridiction en matière d'interprétation et d'appréciation de la légalité des actes administratifs est un choix qui trouve son fondement dans l'unité de juridiction consacrée à la base. Mais lorsqu'il est amené à apprécier, dans les limites de sa compétence, la légalité d'un acte administratif, le juge judiciaire doit, d'abord, s'assurer que l'acte est entré en vigueur ou qu'il est resté légalement en vigueur à la date à laquelle il en a été fait application. Il lui appartient, ensuite, de vérifier, notamment en fonction des conclusions des parties, la légalité externe de l'acte (respect des règles de compétence, de forme et de procédure) et sa légalité interne (violation de la loi et le détournement de pouvoir).

C'est là un pouvoir très important qui est reconnu aux juridictions ordinaires et sa portée est vaste car elle englobe aussi bien les actes réglementaires que les décisions individuelles et couvre aussi bien les situations où la question est posée à l'appui d'une demande que celles où cet argument est opposé par le défenseur[43].

---

recours administratif gracieux sous la forme d'une lettre ouverte au Président de la République en date du 5 mars 1976. Dans son édition du 10 mars 1976, « le soleil » publie ladite lettre, ainsi que la réponse du Premier ministre. Le 19 mars 1976 intervient la révision constitutionnelle qui limite à trois le nombre des partis devant représenter des courants de pensée différents et renvoie à une loi le soin de définir lesdits courants. La loi n° 76-26 du 6 avril 1976 intervient précisément et décide d'autoriser les courants libéral et démocratique, socialiste et démocratique, et marxiste-léniniste ou communiste. Elle abroge donc et remplace les dispositions contraires de la loi n° 7568 du 9 juillet 1975. Le 12 avril 1976, le gouverneur de la région du Cap-Vert rejette la demande de récépissé du RND. Le 16 octobre 1976, le sieur Cheikh Anta DIOP, au nom du RND, saisissait la Cour suprême d'un recours pour excès de pouvoir contre « la décision implicite de rejet par laquelle le Président de la République a rejeté sa demande tendant à la délivrance d'un récépissé de déclaration » de son parti.

[43] Ainsi sont concernées les hypothèses suivantes : le demandeur invoque le droit à un avantage que lui dénie une décision administrative,

Ainsi, bien qu'il ne soit pas directement juge de la légalité des actes administratifs, le tribunal régional peut constater leur éventuelle illégalité et en refusant l'application en l'espèce, les priver d'une part de leur efficacité ; il peut également donner à une telle décision une signification ou une portée qui ne sont pas forcément celles voulues par son auteur.

Une rapide allusion aux principes régissant l'interprétation et l'appréciation de la légalité des actes administratifs dans le système de la dualité de juridiction permet de mieux comprendre la pratique sénégalaise. Le système de dualité de juridiction se fonde en très grande partie, sur le principe de la séparation des autorités administratives et judiciaires[44].

Dans ce système-là, il faut distinguer l'interprétation et l'appréciation des actes administratifs de l'appréciation incidente d'un acte administratif par le juge administratif. Il faut distinguer deux hypothèses : celle dans laquelle le juge administratif, à l'occasion de l'examen d'un recours dirigé contre un acte administratif déterminé, est amené à apprécier incidemment la légalité d'autres actes administratifs à l'égard desquels le délai normal du recours contentieux est expiré, mais qui ont servi de fondement à l'acte attaqué et

---

sous le prétexte que cet acte est irrégulier ; le juge doit alors en vérifier la régularité. De même, si un individu poursuivi pour infraction pour infraction à un règlement, même d'origine décrétale, se défend en arguant de l'illégalité de cette mesure, le juge se doit de vérifier le bien-fondé de ces arguments et au cas où il constate la violation du droit, de constater l'illégalité et relaxer l'intéressé. De même enfin, un particulier peut se défendre contre les prétentions d'autres particuliers en contestant la régularité du titre administratif sur lequel ceux-ci s'appuient et il revient au juge du fond d'apprécier la légalité de cet acte.

[44] L'existence d'un ordre de juridiction au sein du pouvoir exécutif, distinct de l'ordre de juridiction de droit commun, se justifie par le fait que les textes révolutionnaires sur la séparation des pouvoirs, toujours en vigueur font interdiction aux tribunaux judiciaires d'intervenir dans les opérations administratives, ou de les troubler.

celle que nous examinons ici dans laquelle le problème de l'interprétation et de l'appréciation de la légalité d'un acte administratif est soulevé devant les tribunaux judiciaires. Cette dernière hypothèse se présente lorsqu'à l'occasion d'un litige au cours duquel le juge judiciaire entend lui, faire application d'un acte administratif déterminé à l'encontre duquel les délais de recours contentieux sont expirés, l'administré s'oppose à l'application d'un tel acte. Il se peut que l'administré conteste le sens, l'interprétation que le juge donne dudit acte ; la question se pose alors de savoir si, et dans quelle mesure le juge judiciaire peut interpréter un acte administratif. Il se peut aussi que l'administré conteste la légalité même dudit acte, qu'il soulève l'exception d'illégalité à l'encontre dudit acte ; il s'agira alors de savoir si, et dans quelle mesure le juge judiciaire peut apprécier la légalité d'un acte administratif.

Dans le système de la dualité de juridiction, lorsque le problème de l'interprétation et de l'appréciation de la légalité des actes administratifs est soulevé devant les tribunaux judiciaires, en principe, il y a question préjudicielle. Le principe de la séparation des autorités administratives et judiciaires interdisant aux tribunaux judiciaires de troubler les opérations administratives, ceux-ci doivent se déclarer incompétents, en principe, pour interpréter et apprécier la légalité des actes administratifs, surseoir à statuer, et renvoyer la question préjudicielle ainsi soulevée au juge administratif. À cette règle générale toujours valable, on a cependant apporté certains tempéraments.

On a d'abord distingué l'interprétation de l'appréciation de la légalité des actes administratifs. L'interprétation est l'opération par laquelle le juge cherche à découvrir l'intention des auteurs de l'acte, lorsque celui-ci n'est pas clair. Cette opération par elle-même n'étant pas de nature à mettre en cause le principe de la séparation des autorités administratives, sera facilement tolérée. En revanche, ce n'est que dans des cas tout à fait exceptionnels que l'on reconnaîtra aux tribunaux judiciaires le pouvoir d'apprécier la légalité des actes administratifs. En effet, l'appréciation de la légalité des actes administratifs par les tribunaux judiciaires les amène nécessairement à s'ériger en censeurs de l'Administration et par suite à s'ingérer dans les opérations administratives.

Bien plus, lorsqu'une telle appréciation porte sur un acte individuel, elle peut aboutir à son annulation de fait si le juge décide d'en écarter l'application au litige en cause.

En raison de ces considérations, on a ensuite distingué la situation du juge judiciaire non répressif et du juge répressif. On admet que le juge judiciaire non répressif peut interpréter les actes réglementaires mais non les actes individuels, sauf dans le cas où ceux-ci portent gravement atteinte aux libertés individuelles. En revanche, il ne peut apprécier la légalité ni des actes réglementaires ni des actes individuels. Lorsqu'un tel problème est soulevé devant lui, il y a question préjudicielle : il doit surseoir à statuer jusqu'à ce que le juge administratif ait statué sur l'exception d'illégalité ainsi soulevée.

S'agissant du juge répressif, deux constructions jurisprudentielles coexistent dans le système de la dualité de juridiction. La première, qui est celle du tribunal des Conflits est largement soutenue par la doctrine administrative. Elle consiste à dire que le juge répressif peut interpréter les actes réglementaires ainsi que les actes administratifs clairs ; qu'en outre il doit apprécier la légalité des actes réglementaires, qu'ils servent de fondement aux poursuites ou qu'ils soient invoqués comme moyen de défense ; qu'enfin, il ne peut apprécier la légalité des actes individuels. À l'opposé de ces principes, l'on trouve une seconde construction jurisprudentielle qui est celle de la Cour de Cassation. Cette haute juridiction ne distingue pas entre les actes réglementaires ou individuels, mais entre les actes pénalement sanctionnés ou non (qu'ils soient réglementaires ou individuels) ; et elle pose comme principe que le juge répressif est tenu d'interpréter et d'apprécier la légalité des actes administratifs pénalement sanctionnés. La thèse de la Cour de Cassation présente l'avantage d'éviter au juge répressif d'opérer la distinction, parfois délicate ; entre les actes réglementaires et les actes individuels mais elle présente l'inconvénient de méconnaître l'esprit du droit public ; en effet, s'il est normal de reconnaître au juge répressif le pouvoir d'interpréter et d'apprécier la légalité des actes réglementaires (dans le souci de la garantie des libertés publiques, pour lui éviter d'appliquer un texte illégal, et aussi parce que la pratique des questions préjudicielles dans ce domaine alourdirait la procédure pénale et porterait gravement atteinte soit aux intérêts de la partie civile, soit à ceux des prévenus), il ne convient pas de lui reconnaître de tels pouvoirs en ce qui concerne les actes individuels parce que leur exercice remet nécessairement en cause la séparation des autorités administratives et judiciaires, et amènerait le juge répressif à annuler implicitement un acte administratif, alors qu'un tel pouvoir d'annulation qui constitue à l'évidence une ingérence dans les opérations administratives, ne peut être exercé que par le juge de l'excès de pouvoir.

Le droit administratif sénégalais, tel qu'il résulte des décisions rapportées, trouve son fondement, entre autres, dans l'article 4 de l'ordonnance du 14 novembre 1960[45] qui ne fait aucune discrimination entre les actes administratifs en raison de leur caractère réglementaire ou individuel, mais se borne à viser « les décisions des diverses autorités administratives ». Dans les espèces rapportées, les actes litigieux présentent le caractère d'actes individuels : la délibération du Conseil municipal de Saint-Louis du 22 mai 1950 attribuant des terrains aux héritiers Fatou DIOP

[45] Eod. Loc.

en ce qui concerne l'affaire Waly SARR, et en ce qui concerne l'affaire Cheikh Anta DIOP, le refus d'enregistrement du RND.

Il en résulte qu'en droit sénégalais, l'exception d'illégalité peut être soulevée à l'encontre d'un acte individuel, aussi bien devant le juge civil non répressif que devant le juge répressif. A fortiori doit-on admettre qu'une telle exception peut être soulevée devant les mêmes juridictions à l'encontre des actes réglementaires. Par ailleurs, si les mêmes juridictions peuvent apprécier la légalité des actes administratifs individuels, ils peuvent, a fortiori interpréter et les actes individuels et les actes réglementaires, puisque l'appréciation des actes confère au juge des pouvoirs plus étendus que ceux que pourrait lui confier la simple interprétation des actes.

Enfin, on remarquera que ces principes ne s'appliquent que lorsqu'on se trouve en présence d'une exception et non d'une voie d'action : la contestation du sens ou la légalité d'un acte n'est soulevée qu'incidemment à l'occasion d'un recours dont le juge civil ou répressif est saisi. Il peut donc s'agir d'un litige de droit civil comme dans l'affaire Waly SARR, d'un délit pénal comme dans l'affaire Cheikh Anta DIOP ; il pourrait également s'agir d'un litige de plein contentieux au cours duquel le sens ou la légalité d'un acte administratif seraient contestés. En revanche, le recours direct contre un acte administratif reste de la compétence du juge de l'excès de pouvoir.

Mais ce choix est vraiment discutable, voire complexe, même s'il présente des avantages liés à sa simplicité.

B. Un choix discutable

L'application des principes énoncés ci-dessus dans les deux décisions rapportées a donné dans l'ensemble des résultats peu satisfaisants. L'apport de l'affaire Waly SARR réside surtout dans le raisonnement de la Cour Suprême.

Elle commence par rappeler que c'est à bon droit que le Tribunal de Première Instance de Saint-Louis s'était déclaré incompétent (avant 1960) pour connaître de ce litige. En effet, à cette époque, c'est le droit français qui était applicable, et selon les principes de ce droit, les tribunaux civils ne peuvent apprécier la légalité d'un acte administratif individuel (à moins qu'il s'agisse d'un acte administratif individuel portant gravement atteinte aux libertés publiques), ni même l'interpréter. Dans ce contexte-là, le Tribunal de Première Instance ne pouvait que surseoir à statuer comme il l'avait fait, parce que l'exception d'illégalité qui était ainsi soulevée devant lui était une question préjudicielle qui ne pouvait être tranchée que par le conseil du contentieux administratif sous le contrôle éventuel du Conseil d'État. Il s'agissait d'une question préjudicielle en ce sens qu'il y avait un doute sur la légalité de l'acte administratif concerné, et que le sort du litige dépendait de la décision que le juge administratif d'alors prendrait sur la légalité dudit acte.

Mais la Cour suprême décide ensuite qu'à compter de 1960 elle est incompétente pour connaître en premier ressort du recours en appréciation de validité des actes administratifs, un tel recours relevant désormais du Tribunal de Première Instance, juge de droit commun de l'ensemble du contentieux administratif. Cette position de principe entraîne plusieurs conséquences. D'une part, en se déclarant incompétente pour connaître en premier ressort du recours en appréciation de la validité des actes administratifs, la Cour a contribué, dès la naissance du droit administratif sénégalais à l'éclatement du contentieux de la légalité, ce qui, semble-t-il, a entraîné des conséquences regrettables. Il paraît en effet que la position du Conseil du contentieux administratif qui avait renvoyé l'affaire à la Cour suprême était plus logique : en matière non répressive, c'est toujours le juge le plus proche de l'administration qui doit interpréter et apprécier la légalité des actes administratifs ; c'est la raison pour laquelle, dans le système de la dualité de juridiction, ce rôle revient aux juridictions administratives qui, on ne doit pas l'oublier sont des institutions situées au sein du pouvoir exécutif. Dans le système de l'unité de juridiction, le juge le plus proche de l'Administration en peut être que le juge de l'excès de pouvoir, en l'occurrence, la chambre administrative de la Cour suprême. La Cour a cependant préféré interpréter ses compétences de manière restrictive, et refusé d'apprécier la légalité d'un acte administratif sur renvoi d'un tribunal statuant en matière civile. En cela, elle n'a fait qu'une exacte application de l'article 4 de l'ordonnance précitée du 14 novembre 1960, et les principes posés par ce texte s'applique à Waly SARR, mais aussi en matière fiscale[46] et en matière pénale[47].

D'autre part, l'inconvénient du système ainsi institué et consacré par la Cour suprême, c'est non seulement de supprimer l'unité du contentieux de la légalité en confiant à des juridictions distinctes le recours pour excès de pouvoir et le recours en appréciation de la légalité des actes administratifs mais aussi d'introduire de nouvelles distinctions au sein du contentieux de l'interprétation et de l'appréciation de la légalité des actes administratifs. En effet, la Cour ne se déclare incompétente pour statuer en cette matière que lorsqu'elle est saisie sur renvoi d'une juridiction civile ; mais lorsqu'elle est saisie par la voie de recours pour excès de pouvoir elle accepte d'interpréter et d'apprécier la légalité des actes administratifs même si au fond, elle se trouve en présence d'un litige d'ordre privé[48], même s'il s'agit de l'appréciation incidente de la légalité

[46] Tribunal Dakar, 15 mai 1971, Alioune SYLLA.
[47] L'affaire Cheikh Anta DIOP précitée.
[48] CS 9 Février 1966 Fatou DIOP, Khady FALL, Fatou FALL.

d'un décret qui n'est plus susceptible de recours et sur le fondement duquel ont été pris les actes attaqués[49].

Par ailleurs, la solution du jugement Cheikh Anta DIOP soulève quelques interrogations. En effet, la compétence du juge répressif pour interpréter et apprécier la légalité des actes administratifs s'explique et se justifie pour différentes raisons : outre que la pratique du renvoi préjudiciel, si elle était admise alourdirait et allongerait la procédure pénale au détriment des prévenus ou de la partie civile le principe de la légalité des crimes et des délits fait obligation aux tribunaux répressifs de ne sanctionner que les faits prévus et sanctionnés par la loi ou les actes réglementaires avant leur commission. Dès lors, et selon une expression imaginée par le Tribunal des Conflits français, est devenue célèbre, le juge répressif est tenu d'interpréter les lois et les règlements administratifs, qu'ils servent de fondement à la poursuite ou qu'ils soient invoqués comme moyen de défense.

Dans l'affaire Cheikh Anta DIOP, le juge sénégalais s'inspire manifestement de ce principe, dont la mise en œuvre exige deux conditions : l'acte doit constituer le fondement de la poursuite ou le moyen de défense ; l'acte doit être illégal. Aucune de ces deux conditions ne semble avoir été remplie dans l'espèce.

Il n'est pas évident que l'exception d'illégalité était recevable à l'encontre du refus d'enregistrement de RND. En effet, le principe selon lequel le juge répressif est tenu d'apprécier la légalité des actes administratifs, qu'ils servent de fondement aux poursuites ou qu'ils soient invoqués comme moyen de défense, tend à réaliser un certain équilibre entre les différentes parties au litige en faisant examiner par le juge la légalité d'un même texte ou

[49] CS 23 juillet 1975 Souleymane SIDIBE et Amicale des Administrateurs civils.

d'un même groupe de textes qui ont d'une part prévu et réprimé les faits reprochés au prévenu, et dont d'autre part la légalité est contestée par ledit prévenu. Le moyen de défense doit tendre à contester la légalité soulevée et constituer le fondement même de la mesure faisant grief[50].

Ce n'est pas le refus d'enregistrement d'un parti politique qui est ainsi prévu et réprimé mais le fait de faire ou de tenter de faire fonctionner un parti politique sans autorisation préalable ; dès lors, le moyen de défense susceptible d'être accueilli par le tribunal, aurait dû consister soit à contester la régularité de celles des dispositions des textes visés qui ont servi de base à la poursuite.

En statuant comme il l'a fait, il semble avoir confondu le moyen de défense et le fait justificatif ; il semble avoir décidé que le prévenu était excusable à faire fonctionner son parti sans autorisation parce que le refus qui lui avait été opposé constituait une atteinte grave à la liberté d'association ; mais alors c'est répondre à côté de la question qui était de savoir si l'acte ou les actes sur le fondement desquels le prévenu était poursuivi était ou non légal[51].

---

[50] Dans l'espèce, le juge constate à juste titre que la poursuite est fondée sur « les faits prévus et réprimés par l'article 2 de la loi n° 68-02 du 26 mars 1968 modifiant le chapitre 2 du livre VI du code des obligations civiles et commerciales (COCC) modifié par la loi n° 79-02 du 4 janvier 1979.

[51] Le refus d'enregistrement du RND n'était pas illégal. Rappelons sur ce point la motivation du jugement : « attendu qu'aux termes de l'article 812 al. 3 du COCC, le refus d'enregistrement doit être motivé ; que cependant, en l'espèce, il ne peut être discuté que la décision dont s'agit n'est nullement motivé étant donné son caractère implicite ; que dès lors, elle est manifestement illégale alors qu'elle sert de fondement aux poursuites dirigées contre le sieur DIOP ». Dans la présente affaire, le tribunal correctionnel décide que ladite décision implicite de rejet sur la légalité de laquelle la Cour suprême ne s'était pas prononcée au fond en 1978, est illégale dans la mesure où elle n'était pas (et ne pouvait d'ailleurs pas être) motivée.

Les enseignements sont nombreux et importants. D'abord, en ce qui concerne le jugement Cheikh Anta DIOP, et d'une manière générale l'étendue des pouvoirs du juge répressif qui a statué en équité plutôt qu'en droit[52].

D'une manière générale, il paraît tout à fait légitime que le juge répressif interprète et apprécie la légalité des actes de portée générale ; toutefois, la présente espèce fait bien apparaître les limites qu'il devrait spontanément s'imposer : il ne semble pas qu'il rentre dans sa mission d'interpréter et d'apprécier la légalité des actes non réglementaires parce qu'une telle activité suppose la mise en œuvre d'une technique contentieuse qu'il ne possède pas, et qu'en raison du caractère concret de l'acte, une telle activité aboutirait à l'annulation de celui-ci, et donc à une ingérence manifeste dans les opérations administratives.

Ensuite, en matière non répressive, il est évident que le juge civil n'a pas, en matière de contrôle de la légalité des actes administratifs, les mêmes pouvoirs d'investigation que ceux reconnus au juge de l'excès de pouvoir ; en particulier, il ne peut pas, comme celui-ci, demander à l'administration communication du dossier de l'affaire, ou des motifs de la décision attaquée, et, en cas de refus de l'administration, en tirer les conséquences pour renverser la charge de la preuve[53].

---

[52] Sur le plan de l'opportunité politique, il s'agit donc d'une solution conforme à l'évolution des mœurs politiques sénégalaises. Il est en effet heureux que la dernière révision constitutionnelle ait permis de sortir par la voie royale, du labyrinthe juridique du contrôle juridictionnel des activités des partis politiques dans le cadre du multipartisme limité, qui aurait certes fait les délices des théoriciens du droit mais dont les inconvénients pratiques auraient été considérables, si l'on en juge par les deux affaires Cheikh Anta DIOP 1978 et 1981.

[53] CS 27 mars 1963, Amadou Alpha KANE ou voir aussi nos observations sous CS 26 janvier 1972, Abdoulaye SOW et autres.

Dès lors, si le partage du contentieux de la légalité entre la Cour suprême juge de l'excès de pouvoir et le juge répressif se justifie pour différentes raisons invoquées, il y a lieu de souligner qu'il existe plus d'inconvénients que d'avantage.

Si l'on admet que le système de l'unité de juridiction n'a pas eu pour effet de supprimer le principe de la séparation des pouvoirs, et notamment le principe de la séparation des autorités administratives et judiciaires, on conviendra qu'il est toujours souhaitable, ou bien d'unifier le contentieux de la légalité en matière non répressive et de le confier au juge le plus proche de l'administration, en l'occurrence, la chambre administrative de la Cour suprême, juge de l'excès de pouvoir, ou alors, à défaut d'instituer la dualité de juridiction, de créer des formations spécialisées dans le contentieux administratif auprès des juridictions existantes.

Il résulte de ce qui précède que le choix sénégalais est discutable. Mais cette situation n'est qu'est aspect du régime de l'exception d'illégalité dans la mesure où, au sommet de la hiérarchie judiciaire, le législateur a introduit une situation floue rendant ambigu le régime d'exception d'illégalité.

Titre 2 : L'appréciation de la légalité des actes administratifs, une question floue devant la Cour suprême

Il convient de rappeler que la dualité de juridictions repose sur l'interdiction faite aux juges judiciaires de connaître des actes administratifs. Le juge judiciaire devra, donc, surseoir à statuer et renvoyer les parties à se pourvoir devant la juridiction administrative en exerçant un recours en appréciation de légalité. Dès lors, le procès reprendra son cours après la décision de la chambre administrative saisie et le juge judiciaire statuera compte tenu de la réponse donnée à la question renvoyée.

Dans le système sénégalais d'unité de juridiction, les tribunaux régionaux ainsi d'ailleurs que la Cour d'appel sont compétents pour se prononcer sur les questions incidentes, soulevées au cours d'une instance dont ils sont saisis, et portant sur l'interprétation ou sur l'appréciation de la légalité des actes administratifs. C'est une application du principe selon lequel le juge du fond est juge de l'exception[54].

Mais devant la Cour suprême, la question se pose autrement car aux termes l'article 19 de la nouvelle réforme judiciaire de 2008 la chambre administrative de la Cour suprême connaît des pourvois en cassation en matière administrative. Ainsi, la question de l'appréciation de la légalité des actes administratifs devient, en principe, une question préjudicielle devant la chambre civile, sociale ou pénale.

II ressort du nouveau système que l'appréciation de la légalité des actes administratifs est une compétence de principe de la Chambre administrative de la Cour suprême (A). Mais ce choix du législateur laisse subsister une situation floue car la compétence de la Chambre administrative est incertaine en matière d'appréciation de la légalité des actes administratifs. (B).

A. L'appréciation de la légalité des actes administratifs, une compétence de principe de la chambre administrative

En cassation, lorsqu'une question d'appréciation de la légalité se pose devant l'une des chambres, ce sera la chambre administrative qui sera compétente car connaissant des pourvois en cassation en matière administrative.

---

[54] La réforme judiciaire de 1992 avait introduit une question préjudicielle devant la Cour de Cassation en matière d _appréciation de la légalité des actes administratifs. Ainsi, le choix de la dualité de juridiction interdisant à la Cour de Cassation de troubler les opérations administratives, celle-ci devait se déclarer incompétente pour apprécier la légalité des actes administratifs, surseoir à statuer, et renvoyer la question préjudicielle soulevée au juge administratif qui est le juge du Conseil d'État.

Donc, les requérants qui ne sont pas satisfaits devant le tribunal régional et devant la Cour d'appel vont saisir la Cour suprême où la question de l'appréciation de la légalité des actes administratifs sera, en principe, tranchée par la chambre administrative.

Apprécier un acte administratif c'est en rechercher le sens lorsque celui-ci ne s'impose pas par la seule lecture de l'acte, du fait d'une mauvaise rédaction de l'acte, de la nécessité de combiner cet acte avec des dispositions contenues dans des actes antérieurs, de l'emploi de termes imprécis ou de la difficulté à déterminer ce qu'a vraiment voulu faire ou dire l'auteur de l'acte. Le problème de l'appréciation de l'acte n'apparaît donc que lorsqu'il est obscur, c'est-à-dire que son sens prête à discussion, l'interprétation étant – ou devant être – sans objet lorsque l'acte est clair. Mais, les difficultés de compétence apparaissent lorsque le problème de l'appréciation d'un acte administratif se posait devant le juge judiciaire : ce juge pouvait-il apprécier un tel acte[55] ? Rechercher le sens d'un acte administratif, ce qui permet au juge de lui donner une certaine signification, n'est-ce pas, dans certains cas, troubler les opérations des corps administratifs ou faire acte d'administration ?

La logique de la dualité de juridiction voudrait que le juge saisi renvoie l'affaire à une juridiction de l'autre ordre, mais à condition qu'il y ait vraiment une question, c'est-à-dire, pour reprendre une définition classique de Laferrière, « une difficulté réelle, soulevée par les parties en présence ou spontanément reconnue par le juge et de nature à faire

[55] Alors que la loi des 16-24 août 1790 sur la séparation des autorités administratives et judiciaires interdit aux secondes, en son article 13, « de troubler, de quelque manière que ce soit, les opérations des corps administratifs » et que la loi du 16 fructidor an III leur fait défense « de connaître des actes d'administration.

naître un doute dans un esprit éclairé »[56]. La formule est heureuse et ne manque pas de pertinence[57] et c'est seulement s'il y a vraiment une question, un doute, une difficulté, que le renvoi est nécessaire[58].

Devant la chambre administrative, la première fonction du juge administratif est de s'assurer des formes, et donc qu'il a été « bien » jugé, conformément en particulier aux contraintes procédurales qu'elle a elle-même développées dans sa jurisprudence[59].

Ce contrôle porte comme en excès de pouvoir sur la rectitude du raisonnement et la démarche juridiques qui sous-tendent la décision. Il y aura ainsi erreur de droit à mal interpréter les textes applicables en en altérant le champ[60].

---

[56] GUY BRAIBANT et BERNARD STIRN, le droit administratif français, Paris, Presses de Sciences PO : DALLOZ, 1997, p. 230.

[57] Mais cette formule ne lève pas toutes les difficultés, car on ne saurait pas très bien ce qu'est un esprit éclairé et encore moins ce qu'est un doute. Néanmoins, il faut retenir l'idée que si l'acte est clair, si l'interprétation ne donne lieu à aucune difficulté, ce n'est pas la peine de renvoyer à d'autres juridictions.

[58] Cette théorie de l'acte clair a été faite pour éviter l'allongement des procédures qui résulte des questions préjudicielles et pour tenir en échec les manœuvres dilatoires des plaideurs.

[59] Caractère contradictoire de la procédure, régularité de la formation du jugement, motivation, laquelle doit être suffisante pour mettre le juge de cassation « à même d'exercer son contrôle » : par ex. CE 29 avr. 1988, Cuaz, Rec., 176, AJDA, 1988, 400, concl. S. Daël ; 27 juin 1997, Centre hospitalier de Lagny, Rec., 266, à propos d'un référé-provision.

[60] CE 21 déc.1973, Michalet, Rec., 746, RDP, 1974, 1788, concl. B. Braibant, D., 1974, 421, note J. Mourgeon, à propos de l'ancienne commission des objecteurs de conscience ; (Ass.) 16 janv. 1981, Conté, Rec., 19, AJDA, 1981, 366 concl. A. Bacquet, D., 1981, 250, note B. Pacteau, à propos de la commission des recours des réfugiés ; 6 mars 1981, Pech, Rec., 133, RTDSS, 1981, 413, concl. D. Labetoulle, à propos des compétences disciplinaires de l'ordre des médecins.

En cassation, le Chambre administrative va plus loin car il peut être amené à vérifier l'exactitude des faits tels que retenus par les juges du fond[61] ou contrôler la qualification juridique donnée à ces faits, car le droit est en cause, et il s'assurera même, par exemple en matière disciplinaire qu'une « faute » a été à juste titre relevée[62]. Il refuse en revanche d'entreprendre sur les « appréciations » des juges du fond sur ces faits et sur leur importance, et cela lui interdit en matière disciplinaire tout contrôle d'une éventuelle disproportion de la sanction par rapport à la faute[63].

Encore le refus d'entreprendre sur les appréciations du juge du fond est-il compensé par la recherche d'une éventuelle « dénaturation » des faits et du dossier s'ils ont été exploités de façon tendancieuse[64]. La distinction entre qualification et appréciation peut d'ailleurs se révéler subtile, voire fluide, aux « limites... aussi incertaines en théorie qu'en pratique »[65], et parfois « si formelle qu'on se demande ce qu'il en reste »[66]. La juridiction suprême en matière administrative vérifiant ainsi en cassation si les juges du fond ont reconnu avec raison que des honoraires médicaux avaient été fixés avec « tact et mesure »[67] ou que

---

[61] CE 9 août 1924, Farman, Rec., 829), on touche alors encore aux « matériaux » de la décision.

[62] CE 2 févr. 1945, 269, note C.-A. Colliard ; et par ex. CE 21 déc. 1979, Lasserre, Rec., 479).

[63] CE 20 mai 1981, Wurch, Tab. 887 ; c'est là « le jardin privatif des juges du fond » (S. Daël, concl. Préc.).

[64] CE (Ass.) 4 janv. 1952, Simon, Rec., 13, concl. M. Letourneur; et par ex. CE 10 avr. 1992, SNCF c/Ville de Paris, Rec., 168, RFDA, 1993, 9, concl. D. Tabuteau ; 10 mai 1995, Centre hospitalier de Faucigny, JCP, 1995, II, 22454, concl. Y. Aguilla ; 24 mars 1999, Abbal, Rec., 89 ; 25 oct. 2000, Arabi, Rec., 461 ; 14 mars 2001, Soc. Rouge Petrus Le Media, Tab. pour une indemnisation de quatre fois supérieure au préjudice ressortant des pièces du dossier).

[65] R. Odent, cours cité, p. 2087.

[66] J. Dondoux, concl. S. CE (s.) 18 févr. 1977, Hervouët, Rec., 98.

[67] Arrêt Hervouët, préc.

telle lettre professionnelle constitue « un procédé direct de publicité »[68] et aussi que les termes d'un certificat traduisent un manquement au « devoir de prudence et de circonspection »[69] alors qu'il y aurait « appréciation » souveraine à considérer une thérapeutique « sans danger »[70]. Et elle a été contestée dans son principe même en tant que les exigences du « droit » pourraient aller plus loin.

C'est sur le contentieux de l'appréciation de la légalité des actes administratifs que la chambre administrative doit définir ses contrôles et donc fixer ses marques, avec sans doute une difficulté supplémentaire à distinguer les appréciations des qualifications dès lors que devant le juge du fond toute interprétation implique qualification, et avec visiblement de la part de la chambre administrative le souci d'un équilibre d'homogénéité du régime administratif voire de l'autonomie du droit administratif dont il est le garant.

Nul doute en tout cas que le juge module son contrôle en fonction de considérations d'opportunité, en tenant compte notamment de la confiance méritée par la juridiction concernée[71] selon sans doute aussi la technicité de la question posée et certainement enfin plus que jamais au nom d'impératifs unitaires.

Dans le système français de la dualité de juridictions, la question est abordée autrement[72]. La solution est aussi

---

[68] CE 6 mai 1988, Botteri, Tab. 991.

[69] CE 11 juill. 2001, Mme Bonnet, Rec.

[70] CE 8 mars 1972, Roux, Rec., 198.

[71] J. Gaereminck, concl. S. CE 5 juill. 1991, SA Mondial Auto, RFDA, 1991, 549.

[72] En effet, dans ce système, en principe les questions préjudicielles apparaissent dans deux séries d'hypothèses : pour l'interprétation et pour l'appréciation de la légalité des actes administratifs. La question est posée par la jurisprudence Sepfonds, qui conduit à faire un sort à part aux questions d'interprétation de règlements administratifs. Quand il s'agit d'interprétation de tels règlements, le juge judiciaire est compétent pour y procéder.

simple que possible : la difficulté d'interprétation d'un règlement n'est jamais une question préjudicielle pour le juge civil, – ni d'ailleurs (selon l'arrêt Avranches et Desmarets[73]) pour le juge pénal[74].

S'il s'agit d'interpréter un acte administratif individuel (plus largement : non réglementaire) ou d'apprécier la légalité d'un acte administratif (réglementaire ou non), le juge civil est incompétent[75]. C'est ce qui résulte de l'arrêt précité du Tribunal des conflits, Avranches et Desmarets[76].

---

[73] T.C., 5 juillet 1951, Avranches et Desmarets, GAJA, 10 édition :

[74] Dans ces deux arrêts, le tribunal des conflits fonde cette solution sur le fait que, comme les règlements, les lois (que les tribunaux interprètent eux-mêmes) édictent des dispositions d'ordre général. En fait, l'argumentation est la suivante : si les tribunaux ne pouvaient pas interpréter les règlements, la fréquence des questions préjudicielles dépasserait ce dont la bonne administration de la justice peut s'accommoder. De plus, contrairement à l'appréciation de légalité, l'interprétation ne requiert pas une connaissance approfondie du droit administratif et le risque d'une interprétation contestable des règlements n'est pas plus grand que celui d'une mauvaise interprétation des lois.

[75] En principe, les tribunaux judiciaires ne sont pas compétents pour déclarer qu'un acte administratif est illégal ; si la question se pose devant eux, ils doivent la renvoyer à la juridiction administrative, sauf dans un cas, celui des tribunaux répressifs. La procédure pénale doit être rapide car les parties, l'État ou les personnes poursuivies doivent connaître rapidement la solution de l'affaire. C'est pourquoi des pouvoirs plus larges ont été reconnus au juge pénal.

[76] T.C., 5 juillet 1951, Avranches et Desmarets, GAJA, 10 édition : Selon cette jurisprudence, le juge pénal peut toujours apprécier la validité d'un acte réglementaire, que cet acte soit le fondement de la poursuite pénale ou qu'il soit, au contraire, invoqué en défense par la personne poursuivie. Si l'acte est illégal, la poursuite n'est pas possible dans le premier cas et la défense n'est pas valable dans le second. Quant à l'appréciation de la validité des actes individuels par le juge pénal, l'article 111-5 du nouveau Code pénal prévoit que « les juridictions pénales sont compétentes pour interpréter les actes administratifs, réglementaires ou individuels, et pour en apprécier la légalité lorsque, de cet examen, dépend la solution du procès pénal qui leur est soumis ». Tant pour l'interprétation des actes administratifs que pour l'appréciation

Dans ce système, l'exception d'illégalité est donc potentiellement riche de tensions et de contradictions juridictionnelles même si historiquement les oppositions frontales et franches paraissent certes rares. Il reste toujours à redouter l'ostensible affichage en France de deux vérités juridiques comme conséquence de la dualité juridictionnelle[77].

---

de leur légalité, les tribunaux répressifs ont donc désormais plénitude de juridiction. Par conséquent, dans le système français, l'exception d'illégalité a, pour commencer, l'inconvénient pratique de donner à un même acte deux juges distincts et sans qu'aucun mécanisme ne permette de les concilier et de les réconcilier alors qu'ils auraient défendu deux conceptions inverses de la légalité. Rien ne peut, comme on sait, contraindre le juge pénal à accorder sa sanction à un acte qu'il juge illégal, au moment où tout recours en annulation contre cet acte aurait échoué devant le juge administratif. La Cour de cassation française spécifie d'ailleurs qu'un tribunal pénal ne peut écarter une exception d'illégalité contre un acte au seul motif que le tribunal administratif avait reconnu la légalité de cet acte (Cf. Crim. 30 mars 1971, Bull. Crim., n° 114, 5° et 4 mars 1986, Bull. Crim., 1986, n° 89) déjà a-t-elle anciennement jugé qu'il ne revient pas au juge pénal de surseoir à statuer sur une poursuite dans l'attente de l'arrêt à rendre par le Conseil d'État sur la légalité de l'acte administratif qui en est le fondement. Inversement, l'annulation en excès de pouvoir d'un acte administratif que le juge pénal a accepté de réprimer n'aura d'effet pratique que si des voies de recours sont encore ouvertes (Cass. Crim., 6 février 1989, Rev. Sc. Crim., 1989, 529, chron. Pradel).

[77] Bernard PACTEAU, Feu sur la jurisprudence Avranches et Desmarets ! Feue la jurisprudence Desmarets ? Études offertes A JEAN-MARIE AUBY, Paris, Dalloz, 1992, p.252 : D'ailleurs une partie de la doctrine affiche sa nervosité en se posant une question : Faut-il aller plus loin et voir dans l'exception d'illégalité devant le juge pénal, sans plus alors de discussion et de débat possibles, sans plus qu'aucun argument d'opportunité puisse encore être avancé, une infraction au principe et au dogme de la séparation, celle des pouvoirs, celle des juges, celle des compétences ?. La jurisprudence, aussi, n'est pas restée timide car en 1986 déjà, la Section de l'intérieur du Conseil d'État, suivie par son Assemblée générale, avait contesté, au nom de la séparation des autorités administratives et judiciaires, l'élargissement alors envisagé et figurant dans le projet même de réforme du Code

Le choix du législateur sénégalais en 2008 laisse subsister une incertitude certaine quant à la compétence de la chambre administrative en matière d'appréciation de la légalité des actes administratifs.

B. L'appréciation de la légalité des actes administratifs, une compétence incertaine de la chambre administrative

Cette incertitude résulte de l'interprétation de l'article 11 de la loi 2008-35 du 7 août 2008 sur la Cour suprême qui donne au premier président la possibilité de réunir les membres de la Cour en assemblée intérieure pour délibérer sur toutes les questions intéressant la juridiction. Dans cette hypothèse, la chambre administrative ne pourra être saisie en tant que chambre spécialisée pour traiter des questions relatives à la légalité des actes administratifs. Aussi, la loi 2008-35 du 7 août 2008 sur la Cour suprême n'oblige pas les chambres saisies d'un problème d'appréciation de la légalité des actes administratifs de renvoyer la question devant la chambre administrative.

Cette possibilité ouverte aux juges non spécialisés pour connaître de l'appréciation et de l'interprétation des actes administratifs pose un certain nombre de problèmes surtout au regard de l'autonomie du droit administratif. Ces éléments remettent en cause le principe de la spécialisation du juge administratif au sommet et ouvre la voie à cette privatisation du système administratif contentieux[78].

---

pénal· Il résulte de ce qui précède une contestation doctrinale et jurisprudentielle quant à la voie ouverte au juge judiciaire, surtout pénal, de connaître de l'appréciation et de l'interprétation des actes administratifs.

[78] À titre de rappel, l'adoption d'un modèle de l'unité de juridiction s'est traduite au Sénégal par la création d'un seul ordre de juridiction qui connaît de tous les litiges, quelle que soit leur nature. Si en effet l'unité de juridiction présente un avantage en ce qu'il élimine les effets néfastes de la dualité de juridictions, il n'en demeure pas moins qu'elle constitue

Ainsi la question que pose l'agencement du système d'unité de juridiction est de savoir si le droit administratif ne va pas tendre vers une privatisation excessive. Ces questionnements déjà soulevés il y a quelques années sont toujours d'actualité[79]. En effet, écarter l'application d'un acte administratif individuel, c'est l'invalider, même si ce n'est pas l'annuler. C'est bel et bien « troubler les opérations des corps administratifs et c'est dans cette logique que le doyen Hauriou soutenait lors de l'arrêt Septfonds que « ce qui est interdit à un tribunal judiciaire, c'est de connaître d'un recours formé devant lui contre un acte administratif de façon directe et principale »[80].

Le juge sénégalais observe encore un rythme timide par rapport à la dynamique constructive du droit administratif parce qu'il est relativement peu sollicité surtout en matière d'exception d'illégalité[81]. C'est le juge, en effet, qui interprète, comble les lacunes, donne un contenu aux procédures et aux règles, c'est à son niveau que le droit se forge dans les profondeurs et spécialement le droit administratif. Or, le juge n'est pas spécialisé en matière

---

à d'autres égards, un contexte où l'élaboration d'un droit administratif autonome pourrait être plus difficile. Cette difficulté se résume dans les doutes sur la capacité d'un juge judiciaire à créer un droit administratif viable. Il s'agit de savoir si le système sénégalais par exemple sera capable de préserver l'autonomie du droit administratif dans la mesure du nécessaire. En réalité, le droit administratif est actuellement et toujours dans une phase d'élaboration, ou d'adaptation progressive aux besoins qui est fort intéressante.

[79] Babakar KANTE, Unité de juridiction et Droit administratif, l'exemple du Sénégal, Thèse de Doctorat d'État de Droit Public, Université d'ORLÉANS, 1983, p. 137.

[80] Bernard PACTEAU, Feu sur la jurisprudence Avranches et Desmarets ! Feue la jurisprudence Desmarets ? Études offertes À JEAN-MARIE AUBY, Paris, Dalloz, 1992, p. 252.

[81] Sa principale préoccupation est de trouver une solution au litige qui lui est soumis, en appliquant la loi.

administrative[82]. Il n'existe pas un corps de magistrats administratifs[83], et, sauf quelques exceptions, l'essentiel des activités de ces magistrats est consacré à des problèmes d'un autre ordre[84].

Il s'y ajoute l'absence d'une doctrine, apte à attirer l'attention sur les problèmes, rechercher les explications générales, suggérer des orientations, promouvoir une réflexion d'ensemble sur les problèmes de fond[85].

Le nouveau système introduit par la réforme de 2008 portant création de la Cour suprême est critiquable à plusieurs égards. En effet, cette unité au sommet ne garantit pas l'éclosion d'un véritable droit administratif. Or l'émergence de règles jurisprudentielles novatrices passe nécessairement par des juridictions administratives autonomes d'où la

[82] La formation du juge ayant compétence de droit commun en matière administrative ne risque-t-elle pas de compromettre la possibilité du maintien de l'autonomie du Droit Administratif ? Les pays ayant opté pour le système de l'unité de juridiction n'ont pas pourvu leurs magistrats d'une formation particulière en matière administrative. C'est cette lacune qui fait douter de la capacité du système à préserver le Droit Administratif. On craint en général un rapprochement du Droit Administratif du Droit Privé.

[83] La gestation technique du droit administratif est laborieuse et pour un droit administratif autonome, il faut une construction cohérente qui comprenne ses propres concepts et techniques de façon à pouvoir s'interpréter et combler ses lacunes en prenant inspiration en lui-même. Il doit donc posséder ses propres constructions théoriques et doctrinales. En effet, dans l'interprétation comme dans la création jurisprudentielle, les magistrats sont largement influencés par leur formation et leur spécialisation en droit privé ; aussi est-il probable, et déjà parfois sensible, que le droit administratif s'imprègne du droit privé, surtout pour tout ce qui n'est pas inhérent à l'action même de la puissance publique.

[84] L'absence de formation spécialisée, l'impossibilité souvent d'une réflexion approfondie sur les problèmes spécifiques du droit administratif handicapent évidement leur œuvre.

[85] Voir sur ce point la thèse d'État de N'Dèye Madjiguène Diagne sur Les techniques et les méthodes d'interprétation du juge administratif sénégalais, UCAD, 1995.

pertinence de revenir sur la séparation des autorités administratives et judiciaires.

Le premier avantage que le Sénégal pourrait tirer de la dualité de juridictions est le développement du droit administratif[86]. Cette dualité de juridiction consiste à confier le règlement du contentieux administratif à une juridiction autonome et spécialisée, ainsi la juridiction administrative va coexister avec les juridictions de l'ordre judiciaire[87].

Cette possibilité offerte au Tribunal régional d'interpréter et d'apprécier la légalité des actes administratifs constitue une véritable menace qui pèse sur l'autonomie du droit administratif sénégalais. Il s'y ajoute que ce choix de la plénitude de juridiction complexifie le contentieux administratif à travers son éclatement et son incohérence. Cet éclatement du contentieux administratif et cette incohérence se traduisent par une ambiguïté qui se manifeste par flou se traduisant, d'une part par « l'interdiction en principe » faite

---

[86] L'expérience française a montré que la juridiction administrative a non seulement surmonté avec bonheur les obstacles dont nous avons parlé, mais aussi a su créer un droit adapté à la stabilisation des rapports Administration-administrés. Le Conseil d'État en effet proprement recherché un droit d'équilibre et de conciliation entre les nécessités de l'activité administrative et les droits des particuliers. Ainsi, le juge administratif, dans cette tâche, appliquait le « droit commun » aux litiges administratifs quand il le fallait, mais créait un droit tout à fait original lorsque les termes du litige l'exigeaient.

[87] L'avantage essentiel de ce système de la dualité réside dans la qualité du contrôle. En effet, les magistrats de l'ordre administratif devraient avoir une formation spéciale, totalement différente de celle qui est assurée aux magistrats de l'ordre. De ce fait, les juridictions administratives seront à même d'exercer un contrôle adapté, c'est-à-dire un contrôle qui présente la double qualité d'être étroit (la connaissance des problèmes administratifs permet aux juges de fixer avec précision la portée de leur contrôle) et de ne pas paralyser l'action administrative (qu'un contrôle trop « tatillon », peu soucieux des nécessités de cette action pourrait entraver) et la jurisprudence qui en résulte est la principale source d'un droit administratif souple et évolutif.

au juge des chambres civiles, sociales ou pénales en cassation, « les patrons des juges de la base », de connaître l'appréciation de la légalité des actes administratifs et, d'autre part par la possibilité ouverte aux juridictions de première instance et les Cours d'appel d'exercer une compétence de droit commun en matière de contentieux administratif au nom de la plénitude de juridiction.

En définitive, le tableau des questions préjudicielles en France et au Sénégal se présente de manière différente et un peu compliquée. En France, lorsqu'elles se présentent devant les juridictions administratives, les questions de droit privé doivent être renvoyées aux tribunaux judiciaires. Quant aux questions préjudicielles devant les juridictions judiciaires, il faut faire une distinction. S'il s'agit d'un tribunal civil, il ne peut pas interpréter un acte individuel, et il ne peut pas apprécier la validité d'un acte administratif quel qu'il soit. S'il s'agit d'un tribunal pénal, il peut interpréter les actes administratifs réglementaire ou individuel, et apprécier leur légalité lorsque l'issue du procès dépend de cette interprétation ou de cette appréciation.

Au Sénégal, en principe, les questions préjudicielles ne sont présentes qu'au sommet de la hiérarchie judiciaire. À la base, il existe une plénitude de juridiction en matière d'interprétation et d'appréciation de la légalité des actes administratifs. Il est noté un recul dans le sens de l'autonomisation du droit administratif à travers la réaffirmation de l'unité de juridiction au sommet de la hiérarchie judiciaire, mais malgré ces multiples mutations, les colonnes du temple sont en place, parce que le juge administratif exerce un rôle encore important en matière de recours pour excès de pouvoir et de cassation contre les décisions rendues en matière de contentieux administratif.

Toutefois, l'autonomie du droit administratif doit être une préoccupation constante de la doctrine et de la jurisprudence. C'est ainsi qu'il faut revenir sur le système de la dualité de juridictions pour le développement et la cohérence non seulement du droit administratif mais aussi du contrôle juridictionnel de l'administration[88].

Bibliographie indicative

I. Ouvrages et articles

AMSELEK, P., *Réflexions critiques autour de la conception kelsénienne de l'ordre juridique*, RDP, 1978.

AUBY, J.-M., « Les aspects nouveaux du pouvoir réglementaire de l'administration en droit administratif français », *Mélanges* M. Stassinopoulos, LGDJ, 1974.

AUBY, J.-M., « Le pouvoir réglementaire des autorités des collectivités locales. À propos de controverses récentes », *Actualité juridique de droit administratif*, 1984, pp. 468-482.

AUBY, J.-B., « La bataille de San Romano, Réflexions sur les évolutions récentes du droit administratif », *Actualité juridique de droit administratif*, n° 11, novembre 2001.

BEAUD, O., *La puissance de l'État*, Paris, PUF, 1994, coll. « Léviathan ».

BECHILLON, D. De, « Hiérarchie des normes et hiérarchie des fonctions normatives de l'État », Paris, *Economica*, 1996, coll. « Droit public positif ».

BIENVENU, J.-J., *L'interprétation juridictionnelle des actes administratifs et des lois : sa nature et sa fonction dans l'élaboration du droit administratif*, Thèse de doctorat d'État en droit, Paris II, 1979.

[88] Babakar KANTE, Unité de juridiction et Droit administratif, l'exemple du Sénégal, Thèse de Doctorat d'État de Droit Public, Université d'ORLÉANS, 1983, p. 1.

BOCKEL, A., « Le contrôle juridictionnel de l'administration in Les Institutions administratives des États d'Afrique francophone », Paris, *Economica*, 1979.

BOCKEL, A., « Sur la difficile gestation d'un droit administratif sénégalais », *Annales Africaines*, 1973, p. 137-150.

BOCKEL, A., *Droit administratif*, Dakar, NEA, 1978.

BEAUD, O., La souveraineté dans la « Contribution à la théorie générale de l'État » de R. Carré de Malberg, *RDP*. 1994, pp. 1251-1279.

BRETON, J.-M., « L'obligation pour l'administration d'exercer son pouvoir réglementaire d'exécution des lois. À propos de quelques décisions récentes du juge administratif », *RDP*. 1993, pp. 1749-1756.

BUGNICOURT, J., « Le mimétisme administratif en Afrique », *RFSP*., 1973, pp. 123-145.

CAPELLETI, M., « Loi et règlement en droit comparé : partage de compétences et contrôle de constitutionnalité. Le domaine de la loi et du règlement », P.U.A.M. 1978, pp. 247-268.

CHEVALLIER, J., « L'État de droit », *RDP* 1988, pp. 313-328.

CHAPUS, R, *Droit administratif Général*, Paris, Montchrestien, 1998.

CHEVALIER, J., *Le droit administratif entre Science administrative et droit constitutionnel in Le droit administratif en mutation*, Paris, PUF, 1993.

DIOP, S., « Quelques réflexions sur le code des obligations de l'administration du Sénégal », *RIPAS*, n° 16, janvier-juin 1987, pp. 95-114.

DIAGNE M., *L'efficacité du contrôle exercé sur l'administration sénégalaise*, Thèse de doctorat d'État en droit, Aix-en-Provence, 1990.

DIAGNE N'D.M., *Les méthodes et les méthodes du juge en droit administratif en droit administratif sénégalais*, Thèse de Doctorat d'État en droit, UCAD, 1995.

FALL, A. B., *La responsabilité extra-contactuelle de la puissance publique au Sénégal : Essai de transposition des règles de droit administratif français dans un pays d'Afrique Noire francophone*, Thèse de doctorat d'État en droit, Bordeaux I, 1994, 2tomes.

GUY BRAIBANT et BERNARD STIRN, *Le droit administratif français*, Paris, Presses de Sciences PO : DALLOZ, 1997.

HELIN, J.-C., « Les contrôles sont-ils efficaces ? » *Pouvoirs*, 1992, n° 60.

LOSCHAK, D., « Le principe de légalité, Mythes et mystifications », *ACTUALITÉ JURIDIQUE DE DROIT ADMINISTRATIF*, 1981, pp. 387-402.

KANTE, B., *Unité de juridiction et Droit administratif, l'exemple du Sénégal*, Thèse de Doctorat d'État de Droit Public, Université d'ORLÉANS, 1983.

LAVROFF, D.G., « le Code sénégalais des Obligations de l'Administration », *Penant*, 1966, pp. 1-14.

LACHAUME, J.-F., *La hiérarchie des actes administratifs exécutoires en droit public français*, Paris, LGDJ, 1966.

MARTIN, S., « Le contrôle *a posteriori* de la légalité des actes des collectivités locales », Berger-Levrault, 1990, coll. « Administration locale ».

MBODJ E., « les incidences de la réforme judiciaire du 30 mai 1992 sur le contentieux administratif sénégalais », *RASDP*, juillet-décembre, 1995.

MESTRE, A., *L'évolution du droit public. Études en l'honneur d'A. Mestre*, Sirey, 1956.

NZOUANKEU, J.-M., *La notion d'acte réglementaire en droit français*, Thèse de doctorat d'État en droit, Paris II, 1976.

NZOUANKEU, J. M. ; « Remarques sur quelques particularités d'un droit administratif sénégalais », *RIPAS*, n° 9, janvier Mars, 1984, pp.1-12.

PAYEN, O. R., *L'expérience marocaine d'unité de juridiction et de séparation des contentieux*, Paris, L.G.D.J. 1964.

D. BASRI et autres : *Droit administratif marocain*, Rabat, Imprimerie royale, 5e édit., 1992.

PACTEAU, B., *Feu sur la jurisprudence Avranches et Desmarets ! Feue la jurisprudence Desmarets ? Études offertes A Jean-Marie Auby*, Paris, Dalloz, 1992, pp. 252 -267.

QUERMONNE, J.-L., *L'évolution de la hiérarchie des actes juridiques en droit public*, Thèse de doctorat d'État en droit, Caen, 1952.

RAINAUD, J.-M., *La distinction de l'acte réglementaire et de l'acte individuel*, Paris, LGDJ, 1966.

REDOR, M.-J., « De l'État légal de droit. L'évolution des conceptions de la doctrine publiciste française, 1879-1914 », Paris, *Economica*, P.U.A.M. 1992.

RIALS, S., *Le juge administratif et la technique du standard. Essai sur le traitement juridictionnel de normalité*, Paris, LGDJ, 1980.

ROUSSET, M., *L'idée de puissance publique en droit administratif*, "Paris, Dalloz, 1960.

SY D., « Réflexions sur la création du droit administratif par le juge administratif », *Revue de l'Association sénégalaise de droit pénal*, janvier 1996.

SY D., « La justice administrative entre continuité et changement », *Droit sénégalais*, n° 5, Presse de l'Université des Sciences sociales de Toulouse, novembre 2006.

SY P. M, « Quelques remarques sur l'institution du recours pour excès de pouvoir au Sénégal depuis la création du Conseil d'État, Droit Ecrit », *Droit sénégalais*, n° 1, Université de Sciences sociales de Toulouse 1, septembre 2002.

TRUCHET, D., *Les fonctions de la notion d'intérêt général dans la jurisprudence du Conseil d'État*, Paris, LGDJ, 1977.

VENEZIA, J.-C., *Le pouvoir discrétionnaire*, Paris, LGDJ, 1959.

VIMBERT, C., *La tradition républicaine en droit public français*, Paris, LGDJ, 1992.

VINCENT, J.-Y., *Recherches sur l'évidence en contentieux administratif*, Thèse de doctorat d'État en droit, Rennes, 1972.

WALINE, M. *Mélanges offerts à M. Waline. Le juge et le droit public*, Paris, LGDJ., 1974.

II. Textes et jurisprudence

Loi organique 92-24 du 30 mai 1992, JORS n° 5469, p. 243 modifié par une loi organique de 1996.

Loi organique n° 92.25 du 30 mai 1992, JORS n° 5469.

Loi organique n° 92.23 du 30 mai 1992, JORS n° 5469.

Loi n° 84-19 du 3 mars 1984, J.O.R.S n° 4992 DU 3 MARS 1984, p.124 Loi n° 2008-35 du 07 août 2008 sur la Cour Suprême.

Loi du 19 juillet portant Code des Obligations de l'Administration, JO. 23 août 1965, numéro spécial.

CS 5 juillet 1961, Waly SARR C/Commune de Saint-Louis.

Tribunal de Dakar 7 avril 1981 MP c/Cheikh Anta DIOP, GADJAS.

Tribunal de Dakar 7 avril 1981, M P c/Cheikh Anta DIOP, GADJAS.

Tribunal de Dakar, 15 mai 1971, Alioune SYLLA, GADJAS.

C. S 9 février 1966, Fatou DIOP, Khady FALL, Fatou FALL, GADJAS.

C.S 23 juillet 1975 Souleymane SIDIBE et Amicale des Administrateurs civils.

C.S 27 mars 1963, Amadou Alpha KANE, GADJAS, T.C., 5 juillet 1951, Avranches et Desmarets, GAJA, 10e édition.

T.C 22 janvier 1921, SCOA, GAJA, 10e édition.

TROISIÈME PARTIE

POUR UNE APPRÉCIATION CONCRÈTE DES POUVOIRS DU PARLEMENT SÉNÉGALAIS EN MATIÈRE BUDGÉTAIRE

Si le Doyen Hauriou faisait de finances publiques l'élément le plus important de la chose publique[1], le professeur Paul Amselek estime qu'on ne peut pas concevoir un État sans finances[2]. Dans le processus d'élaboration de la loi de finances, la prise de décision définitive relève traditionnellement de la compétence du parlement[3]. Elle porte le nom d'autorisation et comporte plusieurs facettes : elle est d'abord une décision des assemblées portant sur les dépenses et recettes ; elle est ensuite un pouvoir donné au gouvernement d'exécuter les dispositions votées et enfin, elle est un pouvoir de contrôle[4]. Cette autorisation parlementaire qui porte sur les dépenses et les recettes de

---

[1] Hauriou M., Précis de droit administratif et de droit public général : à l'usage des étudiants en licence et en doctorat ès-sciences politiques, Paris, 1901.

[2] AMSELEK, P., *Le budget de l'État sous la Vème République*, Paris, LGDJ, 4ème édition, 1998.

[3] MOLINIER J., *La procédure budgétaire en Grande-Bretagne*, Thèse de droit, Paris, 1969. Voir MOLINIER, J., *L'apport de Gaston JEZE à la théorie des finances publiques*, Revue d'histoire des facultés de droit et de la science politique, n°12, 1991, p. 55.

[4] AMSELEK, P., *Le budget de l'État sous la Vème République*, Paris, LGDJ, 4ème édition, 1998.

l'État est en principe un préalable nécessaire à l'exécution de la loi des finances[5].

Toutefois, il convient de préciser que les régimes politiques au sein desquels sont apparus et se sont développées les principales règles financières étaient simples[6]. Maurice Duverger expliquait cette simplicité par la logique qui sous-tendait la conception classique des finances publiques se limitant à fixer le cadre général à l'intérieur duquel l'activité privée était maître[7]. Il s'agissait comme le précisait Gaston Jèze d'assurer la couverture de dépenses destinées à financer une activité réduite par principe au minimum et d'en répartir équitablement la charge sur l'ensemble des citoyens[8]. Dans ce contexte, les pouvoirs financiers du gouvernement étaient non seulement limités mais également contrôlés[9].

Aujourd'hui, les pouvoirs financiers du parlement ont été considérablement restreints et le contrôle qu'il exerce sur les finances publiques tend à devenir de plus en plus

---

[5] ARDANT G., *Les fondements économiques et sociaux des principes budgétaires,* Revue de science et de législation financière, 1949.

[6] ISAIA H. et SPINDLER J., *L'histoire du droit des fiances publiques*, Economica, 1986.

[7] Le Professeur Maurice DUVERGER décrivait ce cadre classique comme suit : *« Comme il était agréable de s'occuper de finances publiques au temps du baron Louis ou de l'austère Léon Say ! Quelques principes simples, déduits du sens commun, joints à une connaissance élémentaire de la comptabilité, permettaient de gérer avec art et sagesse les deniers de la nation ».* Voir Maurice DUVERGER, Que sais-je ?, n°415, 1967, p. 6. Voir aussi SAY, L., *Dictionnaire de finances publiques*, Berger-Levraut, 1894.

[8] JEZE G., *Cours élémentaires de science des finances et législations financières*, 5e édition, 1919. Voir aussi Boucaud, M. et JEZE G, *Éléments de la science des finances et de la législation financière française*, 1919 ou LAFFERIERE J. et WALINE M. *Traité élémentaire de science et de législation financière*, Paris, LGDJ, 1952.

[9] LAUFENBURGER, H., *Cours de science financière*, Cours de doctorat, Paris, 1945-1946. Voir aussi TROTABAS, L., *Précis de science et de législation financière*, Dalloz, 1944.

théorique[10]. Ainsi l'autorisation parlementaire, qui a pendant longtemps constitué la pierre angulaire du droit financier, s'est considérablement transformée, complexifiée voire dénaturée[11]. D'où l'intérêt d'aborder ces questions en vue de revisiter les outils et techniques budgétaires au regard du système juridico-politique sénégalais.

Cette réflexion porte sur les pouvoirs du parlement sénégalais en matière budgétaire et l'analyse a pour vocation de contribuer à l'étude des finances publiques sénégalaises qui occupe encore une place un peu marginale dans la doctrine[12]. Pourtant la connaissance des institutions

---

[10] Cette limitation du domaine parlementaire n'est qu'une manifestation du déclin du parlementarisme à travers la réduction du domaine de la loi et l'extension du pouvoir réglementaire.

[11] PHILIP, L., *Les décisions relatives au vote de la loi de finances pour 1980*, RDP, 1980, p. 1373.

[12] Cette marginalisation s'explique par le nombre réduit de spécialistes et une faible publication des chercheurs dans le domaine financier. Ainsi, les études sur les finances publiques restent limitées à quelques thèses : AKUE, A.S., *Finances publiques et politiques de protection de l'environnement dans les pays d'Afrique de l'Ouest*, Poitiers, 2003 ; BALDE, A., *Le contrôle des finances publiques au Sénégal*, Perpignan, 1996 ; BASSOU, O., *Le contrôle des fiances publiques au Maroc*, Aix-en-Provence, 1990 ; DIARRA, E., *Les aspects financiers de la communauté économique de l'Afrique de l'Ouest*, Université de Paris, 1982 ; DIEYE, M., *la fiscalité des revenus des valeurs mobilières dans les pays de l'union monétaire et économique de l'Afrique de l'Ouest, impact sur le fonctionnement du marché financier régional*, Université Jean Moulin Lyon 3, 2002 ; EL KACEM, M, *La loi de Fiances au Maroc*, Université de Paris 2, 1997 ; FALL, M.H., *Contribution à une réflexion sur la fiscalité de développement au Sénégal*, Université de Sciences sociales de Toulouse, 2001 ; FOTSINF, J. B., *Le pouvoir fiscal en Afrique, essai sur la légitimité fiscale dans les états d'Afrique francophone*, Université de Paris 1, 1994, LGDJ, 1995 ; GBAKA K., *Le rôle de la fiscalité dans les pays du tiers monde : le cas de la Côte d'Ivoire*, Université de Clermont Ferrand, 1978 ; KOUEVI A, *les comptes spéciaux du trésor*, Paris, LGDJ, 2000 ; MAKALOU, O, *Analyse de l'impact du budget sur le développement économique, l'exemple des pays d'Afrique noire*, Université de Jean Moulin de Lyon,

financières et fiscales revêt en elle-même une importance incontestable car elle projette un éclairage irremplaçable sur l'ensemble des appareils publics, tout autant sur le pouvoir politique que sur l'administration[13].

Aujourd'hui, les finances publiques africaines ne manquent pas de susciter des questions et il y a de la place pour la recherche[14].

Les liens entre le pouvoir financier et le pouvoir politique ne sont plus à démontrer car les phénomènes financiers publics sont avant tout des phénomènes politiques, les premiers étant étroitement imbriqués dans les seconds[15]. Les finances publiques fondent la substance des pouvoirs politiques et elles constituent en cela un instrument privilégié d'analyse et de création des institutions. Les rapports entre les pouvoirs, traditionnellement présentés à travers l'exécutif et le législatif s'analysent de manière

---

2003 ; MONTEIRO, C., *Impact des programmes d'ajustement structurel sur le droit financier béninois*, Université Montesquieu de Bordeaux 4, 2001 ; ZAKI, M. ; *Le contrôle des fiances publiques e Afrique, exemples du Sénégal, de la Côte d'Ivoire et du Niger,* Université de sciences sociales de Toulouse 1, 1999.
Les ouvrages consacrés aux finances publiques sénégalaises existent mais leur nombre est également limité. On pourra en citer DIOP M., (*Finances publiques sénégalaises*, Dakar, 1977), NGUYEN CHANH TAM (*Finances Publiques Sénégalaises*, Paris, l'HARMATTAN, 1990), BOUAT M.C et FOUILLAND, J.L, *Les finances publiques des communes et communautés rurales au Sénégal*, ED CLAIREARFIQUE, DAKAR, 1983, CELIMENE, R., *Droit budgétaire et Comptabilité publique au Sénégal*, Nouvelles éditions africaines, 1985, DONFACK, L., *Finances publiques camerounaises*, Berger-Levraut, 1987, FOURRIER C., *Finances publiques du Sénégal*, PEDONE, 1975.

13 LUCHAIRE., F., *Le contrôle du Conseil constitutionnel sur les lois financières*, RDP., 1997-2, p.

14 DIARRA, E., Editorial : *L'actualité du thème des finances publiques africaines*, Afrilex, n°4,2006.

15 Katia BLAIRON, *Pouvoirs et Contre-pouvoirs en matière budgétaire et financière*, Congrès des Constitutionnalistes, Paris II, 2008.

satisfaisante dans les mécanismes des finances publiques, et principalement la procédure budgétaire[16].

Lorsqu'en 1960 le Sénégal acquit son indépendance, le régime financier antérieur fut tout d'abord maintenu. Puis fut promulguée une loi du 15 mai 1962 relative à la loi de finances, s'inspirant de l'ordonnance française organique du 2 janvier 1959, non sans que les parlementaires sénégalais ne restreignent considérablement les pouvoirs que le texte français accorde assez généreusement au gouvernement en matière financière. Il en résulte, après intervention de la Cour suprême, un texte hybride et difficilement compréhensible dans certaines de ses dispositions. Une réforme était manifestement nécessaire et c'est ce qu'accomplit l'ordonnance précitée n° 63-01 du 15 mai 1963, restée inchangée jusqu'à sa récente abrogation. Le texte de 1963, plus encore que celui de 1962, s'inspira étroitement de l'ordonnance française de 1959, sans toutefois accorder à l'Exécutif sénégalais tous les pouvoirs dont bénéficie son homologue français. Si, le Président de la République voyait ses prérogatives financières fortement augmentées, il n'en était pas de même du Gouvernement et notamment des ministres dépensiers. Le ministre des Finances était l'ordonnateur unique des dépenses publiques et de la presque totalité des recettes de l'État. Tous les crédits accordés par le Parlement dans les lois de finances étaient en principe des crédits limitatifs et les crédits évaluatifs étaient délibérément ignorés au Sénégal. Les virements,

[16] Plus particulièrement, le principe du consentement à l'impôt traduit les tentatives du Parlement de s'affirmer face à l'exécutif. Il trouva sa consécration à l'article 14 de la Déclaration des droits de l'homme et du citoyen du 26 août 1789 en tant que droit naturel, inaliénable et sacré. Clef de voûte de la démocratie représentative, il est l'affirmation de la liberté politique dont la mise en œuvre est assurée aujourd'hui par l'examen des lois de finances. La loi de finances initiale en particulier constitue « l'expression synthétique et opérationnelle » de l'ordre financier pour une année.

transferts et reports de crédits étaient soumis à des règles très restrictives. Si bien qu'en fait ces règles impératives ne pouvaient souvent pas être strictement respectées et qu'un hiatus s'instaura entre les faits et le droit en vigueur. Il apparut clairement qu'une adaptation de ce texte était devenue indispensable, afin de tenir compte de l'expérience acquise depuis l'indépendance. Un groupe de travail fut constitué à cette fin et celui-ci se réunit pour la première fois le 20 juillet 1972, au ministère des Finances et des Affaires économiques. C'est des travaux de ce groupe, qui a suscité un grand nombre d'avis de personnalités compétentes et dont le projet initial a plusieurs fois été modifié, qu'est née la loi n° 75-64 du 28 juin 1975 en même temps que l'arrêt de la Cour suprême n° 1 c-75 du 26 juin 1975 déclarant ce texte conforme à la constitution. Il ne s'agit pas d'une loi modifiant et complétant l'ordonnance n° 63-01 mais d'un texte formant un tout cohérent et abrogeant expressément, dans son dernier article notamment l'article 48, cette ordonnance. La loi organique 75-64 se substitue donc désormais à l'ordonnance 63-01. Les services du ministère des Finances et des Affaires économiques firent alors valoir, non sans raison, qu'il s'agissait d'un instrument de travail quotidien pour de nombreux agents financiers disséminés sur l'ensemble du territoire et que la simple modification du texte ancien risquait en fait de provoquer pendant longtemps des confusions et des omissions regrettables. Il fut donc décidé de présenter un texte unique.

Aussi, le Conseil des ministres de l'Union économique et monétaire ouest-africaine (UEMOA) a adopté, en sa séance du 16 décembre 1997, la Directive n° 05/97/CM/UEMOA relative aux lois de finances, modifiée par la Directive n° 2/99/CM/UEMOA du 21 décembre 1999. Cette Directive s'inscrit dans la réalisation des objectifs du Traité de l'UEMOA d'harmoniser les législations et les procédures nécessaires à l'exercice de la surveillance multilatérale de l'Union. Chaque État membre est invité, au plus tard le 31 décembre 2001, à prendre les mesures nécessaires à l'application effective des dispositions de la Directive précitée qui feront l'objet d'un Règlement et deviendront, par ce biais, obligatoires et directement applicables dans les États de l'Union. C'est pourquoi, il est proposé la transposition des dispositions du texte communautaire dans les conditions de notre droit interne par l'élaboration de la loi organique 2001-09 relative aux lois de finances du 15 octobre 2001 qui abroge et remplace la loi 75-64 du 28 juin 1975 relatives aux lois de finances, modifiée par les lois organiques n° 91-24 du 30 mars 1991 et n° 98-45 du 10 octobre 1998. En dehors de certains aspects généraux touchant le domaine réglementaire de la comptabilité publique, la loi 2001-09 reprend l'essentiel des dispositions prévues par la législation financière communautaire. Par rapport à la loi organique de 1975, celle de 2001 apporte des innovations importantes devant permettre d'assurer une gestion plus rigoureuse et transparente des finances publiques.

Les principaux changements apportés par le législateur de 2001 replacent l'Assemblée nationale dans son véritable rôle de contrôle de l'action gouvernementale. Ainsi, il faut noter que le contenu du budget prône un renforcement du pouvoir de contrôle des députés avec l'intégration de la dette publique dans les dépenses ordinaires, la budgétisation des emprunts à moyen et long terme et conséquemment la suppression des comptes annexes au budget qui enregistraient les fonds d'investissement financés sur aide étrangère et dont le Trésor public n'est pas comptable assignataire. Parallèlement, il est proposé une limitation de la durée de l'autorisation de percevoir les impôts ainsi que celle des autorisations et programmes. L'autorisation de percevoir les impôts qui résulte de la loi fiscale n'a plus un caractère permanent : elle doit être renouvelée par la loi de finances de chaque année. Quant aux autorisations de programmes jusqu'ici données sans limitation de durée et qui restaient valables jusqu'à leur annulation, elles sont dorénavant limitées à six ans au maximum.

Le droit positif sénégalais dispose que « la loi de finances prévoit et autorise, pour chaque année civile, l'ensemble des dépenses et des ressources de l'État »[17]. Il convient de noter que les notions de prévision et d'autorisation sont centrales dans la définition des lois de finances. Le premier est l'élément financier et comptable de la définition et le second est la facette juridique. De ce qui précède, l'on pourrait penser que tout ce qui ne relève pas d'actes de prévisions dans la loi des finances correspond à des autorisations budgétaires.

La loi de finances est un acte juridique contenant des mesures d'orientations nécessaires du plan financier de l'État. Mais l'autorisation budgétaire constitue en principe la spécificité des actes budgétaires publics[18]. Sans minimiser l'aspect prévisionnel des lois de finances, l'orientation va accorder une place plus importante aux pouvoirs budgétaires du parlement. Le régime juridique des finances publiques se caractérise par l'importance qu'occupent les pouvoirs du parlement[19].

L'objet de cette étude est d'apprécier de manière concrète les pouvoirs budgétaires du parlement au Sénégal[20] en

---

[17] Voir l'article 4 de la loi organique n°2001-09 relative aux lois de finances.

[18] C'est dans cette logique que le Conseil d'État français considère qu'il n'existe pas de pratique budgétaire lorsqu'un organisme fonctionne sur un seul acte prévisionnel : CE 9 juillet 1980, Charbonnage de France, Rec. 899.

[19] PHILIP, L., *Finances Publiques*, Paris, CUJAS, 1995, p. 190.

[20] L'aspect d'autorisation découle, pour le budget de l'État, du régime démocratique et du principe selon lequel le parlement, en tant que

privilégiant une approche juridique du fait de l'insuffisance de la théorie du droit budgétaire peu développée face à la nouvelle tendance qui accorde une primauté aux aspects économiques ou politiques.

Comment peut-on apprécier les pouvoirs budgétaires du parlement au Sénégal ? Cette problématique va amener à remettre radicalement en question la manière de se représenter les institutions budgétaires compte tenu de la complexité des pouvoirs financiers du parlement.

Parmi les pouvoirs détenus par le parlement en matière budgétaire, les autorisations et le contrôle budgétaires occupent une place centrale car toute autre action est plus ou moins orientée en fonction de ces pouvoirs[21].

Il convient de préciser, toutefois, qu'il est périlleux d'isoler les autorisations budgétaires dans la loi de finances à cause de sa coexistence avec une pluralité de dispositions budgétaires qui ne sont pas des autorisations[22].

En outre, le contrôle budgétaire constitue à côté de l'autorisation budgétaire un pouvoir fondamental non détachable du régime parlementaire[23]. En réalité, le contrôle

---

représentant de la nation, donne au gouvernement l'autorisation d'effectuer les dépenses et de percevoir les recettes. Cette procédure résulte du principe du consentement à l'impôt, principe qui a été élargi puisqu'il s'applique non seulement à l'impôt, mais à toutes les ressources et dépenses de l'État.

[21] AMSELEK, P., *Le budget de l'État sous la Ve République*, Paris, LGDJ, 4ème édition, 1998.

[22] AVRIL P. et GICQUEL J., *Droit parlementaire, Montchrestien*, 1996. Voir aussi CAMBY J.P., *L'alignement de la procédure de vote de la loi de finances rectificative sur celle de la loi de finances initiale*, RFFP, 1992, p.193.Voir également SAIDJ L., *Recherche sur la notion de finances publiques en droit constitutionnel et financier positif*, RDP, 1982, p. 1297.

[23] En effet, les hommes ont estimé longtemps capital de savoir comment les gouvernements fixaient leurs impôts. Il est peut-être aujourd'hui

budgétaire constitue même une compétence normale dans une démocratie parlementaire[24].

En effet, le contrôle du pouvoir est un des principes fondamentaux de fonctionnement des systèmes politiques contemporains[25]. Le contrôle du pouvoir devient inhérent

plus important pour eux de connaître les processus qui commandent leurs revenus, déterminent les prix qu'ils doivent payer et façonnent leurs habitudes d'achat. À cet égard, une participation des citoyens, ou de leurs représentants, à l'élaboration ou au contrôle du plan qui déterminera leur condition de vie pendant plusieurs années, apparaît essentielle.

[24] "Le pays, cependant attentif aux débats parlementaires, inquiet de la situation financière, réclame une autorité énergique pour mettre fin à des gaspillages générateurs d'aggravations fiscales. Si le régime parlementaire ne parvient pas à faire prévaloir la sévérité nécessaire dans la répression des abus ministériels en matière de finances publiques, c'est lui-même qui un jour se trouvera atteint dans son crédit. [...] On ne saurait tolérer que se perpétuent plus longtemps les abus scandaleux et pernicieux, contre lesquels le Sénat, ainsi que la Chambre, n'ont cessé de protester, abus par lesquels, de leur propre autorité, certains ministres – et, le plus souvent, il faut bien le reconnaître, certains bureaux à l'insu de ministres insuffisamment vigilants – ont osé prendre des mesures qui ont eu pour objet d'engager des dépenses énormes sans autorisation législative préalable et de passer outre aux prescriptions formelles des lois de finances, avec l'assurance invétérée d'être couverts par impunité une traditionnelle. Le péril financier est aujourd'hui aussi terrible pour notre nation que le fut, de 1914 à 1918, le péril militaire. De même que pour vaincre il a fallu l'application de lois fortes, de même pour rétablir nos finances il faudra l'impitoyable répression du gaspillage des deniers publics à tous les degrés et devant toutes les juridictions » : Extraits du rapport fait au nom de la commission des finances du Sénat, chargée d'examiner la proposition de loi adoptée par la Chambre des députés, relative à l'organisation du contrôle des dépenses engagées, séance du 9 juin 1922.

[25] L'exigence de l'exercice d'un contrôle a été considérée comme fondamentale au point que les auteurs de la *Déclaration universelle des droits de l'Homme et du Citoyen* du 26 août 1789 ont proclamé à l'article 14 de ladite Déclaration : « *les citoyens ont le droit de constater, par eux-mêmes ou par leurs représentants, la nécessité de la contribution publique, de la consentir librement, d'en suivre l'emploi,*

au système démocratique parce qu'il permet de modérer le pouvoir en vue d'éviter l'arbitraire et d'assurer la garantie des droits et libertés fondamentaux[26]. Progressivement, la préoccupation d'aménager des modalités de l'exercice du contrôle se retrouve dans tous les domaines de la vie institutionnelle des États modernes et demeure encadrée et régie par le droit[27].

Que reste-t-il comme pouvoirs au Parlement en matière budgétaire ? D'après les textes qui définissent leur compétence, il joue encore un rôle important. Si l'on examine les dispositions de la Constitution relatives à l'exercice du pouvoir financier, on s'aperçoit que la compétence des parlementaires demeure encore assez étendue. En effet, la distinction entre le domaine législatif réservé au Parlement et le domaine réglementaire réservé au gouvernement introduite par la Constitution sénégalaise, n'a guère limité la compétence financière du Parlement. En effet, toutes les matières relatives aux finances publiques

---

et d'en déterminer la quotité, l'assiette, le recouvrement et la durée ». Par cette affirmation de la nécessité de vérification de la mobilisation et de l'emploi des ressources publiques, est né un des principes fondateurs des finances publiques modernes, celui de l'autorisation budgétaire aménagé en plusieurs principes budgétaires que sont l'annualité, l'unité, l'universalité et la spécialité auquel certains auteurs ajoutent, au surplus, l'équilibre budgétaire. Ces principes qui constituent des techniques de gestion saine des finances publiques mais aussi des moyens de contrôle du gouvernement par le Parlement ont contribué à la naissance du régime parlementaire moderne.

[26] NZOUANKEU J-M., *Les rapports entre le juge administratif et le juge des comptes*, revue des sciences financières, 1977, p. 461. Voir aussi PHILIP L., L'exercice du pouvoir financier du Parlement, Paris, Economica, 1986.

[27] FALL, I. M., La *loi de règlement dans le droit des finances publiques des États membres de l'UEMOA : l'exemple du Sénégal* in Droit sénégalais, Université de Sciences sociales de Toulouse 1, 2005.

demeurent de la compétence du législateur, c'est-à-dire relèvent du domaine de la loi[28].

Toutefois, en dépit de ces dispositions constitutionnelles, il ne faut pas se dissimuler que les possibilités d'action du Parlement en matière financière demeurent très limitées. En fait, dans le domaine des finances publiques, c'est le gouvernement qui joue un rôle prépondérant. D'ailleurs, l'article 20 de la Constitution prévoit que le Président de la République détermine la conduite de la politique de la Nation. Cette disposition signifie que « *ce n'est pas le Parlement qui détermine la politique nationale, mais l'exécutif politiquement responsable devant lui* »[29]. Dans le domaine budgétaire, plusieurs raisons sont avancées pour justifier la position privilégiée du gouvernement. La première est d'ordre technique et pratique. Le Gouvernement dispose de l'administration et d'organes spécialisés dans la préparation du budget et l'analyse des données économiques, entre autres[30]. C'est le caractère technique des Finances

---

[28] Ainsi aux termes de la Constitution notamment à ses articles 67 et 68, c'est le parlement qui :

– *« Attribue à la loi la détermination des ressources et des charges de l'État ;*

– *Réserve à celle-ci la fixation des règles concernant l'assiette, le taux et les modalités de recouvrement des impositions de toutes natures, perçues pour le compte de l'État ;*

– *Confie au législateur la fixation du régime d'émission de la monnaie ;*

– *Déclare que le Parlement vote les lois de programme déterminant les objectifs de l'action de l'État en matière économique, sociale et d'infrastructure ;*

– *Précise qu'il fixe les conditions des emprunts* ».

[29] Katia BLAIRON, *Pouvoirs et Contre-pouvoirs en matière budgétaire et financière*, Congrès des Constitutionnalistes, Paris II, 2008.

[30] Les principales directions concernées sont les directions du Budget, du Trésor et de la politique économique, des Impôts, etc.

publiques qui vient justifier cette compétence[31]. L'exécutif est assisté d'une multitude d'experts, tandis que le législatif en est quasiment dépourvu[32].

Si le Gouvernement dispose d'une suprématie incontestable en matière budgétaire sur le Parlement pour plusieurs raisons, ce dernier, bien que parfois « concurrencé », n'est pas pour autant exclu du processus budgétaire. Au contraire, le constituant a tenté d'élaborer un compromis entre la nécessaire efficacité de l'action politique, qui tend à maximiser les pouvoirs et les compétences du gouvernement, et l'indispensable légitimité qui doit porter cette action : le Gouvernement détermine, mais avec l'accord du Parlement représentant de la Nation[92].

Le rôle du Parlement demeure essentiel car représentant la Nation et les contribuables, il consent toujours à l'impôt, mais dans le cadre particulier fixé par la Constitution.

De ce qui précède, il convient d'affirmer que les pouvoirs financiers du parlement sont ainsi complexes. Cette complexité apparaît à travers un double constat : tout d'abord, il est noté des pouvoirs financiers importants

---

[31]Cette disposition porte en germe toutes les difficultés du Parlement sous la Ve République, car tous les instruments du « parlementarisme rationalisé » n'en sont que la conséquence directe. Si l'on s'émeut des restrictions apportées, par exemple, aux pouvoirs des commissions parlementaires, à l'exercice du droit d'amendement ou à la capacité de proposition législative, on oublie trop souvent que ces mécanismes ne sont que la conséquence de cette capacité confiée au gouvernement responsable de concevoir la politique nationale. Techniquement, cette mission s'exprime, pour l'essentiel, par l'élaboration des projets de loi dont il est alors parfaitement logique d'exiger qu'ils puissent être inscrits prioritairement à l'ordre du jour, et surtout discutés et adoptés sans être fondamentalement modifiés, au risque de mettre en péril la politique voulue par le gouvernement avec l'accord de sa majorité.

[32] H. MESSAGE, *« Peut-on mesurer le pouvoir budgétaire du Parlement ? »*, *RDP*, 1/2002, p. 14-29.

théoriquement reconnus par le droit positif (I), mais, dans la pratique, ces pouvoirs sont restreints (II)

I. Des pouvoirs de décision théoriquement reconnus

Les lois de finances sont des lois de nature particulière en ce qui concerne leur contenu. La loi organique n° 2001-09 du 15 octobre 2001 relative aux lois de finances définit limitativement les dispositions qui peuvent figurer dans une loi de finances. Elle précise les dispositions qui doivent obligatoirement y figurer.

Toutes autres dispositions que celles énumérées par cette loi organique constituent des « cavaliers budgétaires »[33] dont l'objet est étranger aux lois des finances et qui n'y ont pas leur place[34].

Mais toutes les dispositions contenues dans la loi de finances ne sont pas des autorisations budgétaires[35] et ne concernent, forcément, pas le contrôle parlementaire. D'où l'intérêt de cerner les pouvoirs réels de décision du parlement. En effet, le parlement dispose de pouvoirs notoires d'autorisation et de contrôle reconnus par le droit positif. Ainsi, nous allons aborder l'étendue des pouvoirs d'autorisation du parlement (A) avant d'aborder l'importance des pouvoirs de contrôle (B).

---

[33] BERGERES, M-C., *Les cavaliers budgétaires*, RDP, 1978, p.1373.

[34] La jurisprudence constitutionnelle relative aux « cavaliers budgétaires » est d'autant plus abondante que si les requérants invoquent souvent cette irrégularité devant le Conseil constitutionnel, ce dernier soulève aussi souvent d'office l'inconstitutionnalité de dispositions qui n'ont pas leur place dans une loi des finances : CC, 29 décembre 1989, Rec., 129, RCJ.

[35] Alors si l'on veut isoler les autorisations budgétaires, il faut les dissocier des notions voisines.

A. L'étendue des pouvoirs d'autorisation du parlement

Le pouvoir d'autorisation du parlement en matière budgétaire est réel mais l'examen attentif de la loi organique portant loi de finances n° 2001-09 du 15 octobre 2001, nous pouvons observer que les lois de finances ne se présentent pas comme un ensemble d'autorisations financières. Il faut, si l'on veut conserver les autorisations budgétaires seules, exclure deux séries de dispositions : les dispositions extra-budgétaires et les dispositions budgétaires autres que des autorisations. Certaines dispositions extra-budgétaires peuvent figurer dans les lois de finances. Il y en a deux catégories. Certaines ne constituent pas des dispositions spécifiques aux lois de finances contrairement aux autres.

Par rapport aux dispositions non spécifiques aux lois des finances, deux sortes sont prévues par les articles 2 et 3 de la loi organique du 15 octobre 2001.

Tout d'abord l'article 2 prévoit des dispositions en matière fiscale en énonçant que « *les lois de finances peuvent également contenir toutes les dispositions relatives à l'assiette, aux taux et aux modalités de recouvrement des impositions de toutes natures* ». Il s'ensuit que toute disposition fiscale peut être insérée soit dans une loi fiscale ordinaire soit dans une loi de finances. Ces dispositions fiscales, même insérées dans une loi de finances, ne sont pas des dispositions budgétaires[36].

[36] Cette faculté d'insérer des dispositions fiscales dans les lois de finances n'existe pas dans tous les pays. L'article 81 de la Constitution italienne du 27 décembre 1997 énonce que par la loi d'approbation du budget il ne peut être décidé de nouveaux impôts. Aux termes de cet article « Les Chambres adoptent chaque année les budgets et les comptes présentés par le Gouvernement. L'exercice provisoire du budget ne peut être autorisé que par une loi et pour des périodes ne dépassant pas, globalement, quatre mois. La loi d'adoption du budget

Ensuite, l'article 3 introduit des dispositions en matière de fonction publique en stipulant que « *les créations et transformations d'emplois ne peuvent résulter que des dispositions prévues par une loi de finances. Toutefois, des transformations d'emplois peuvent être opérées par décret pris en Conseil des ministres après avis du Conseil d'État. Ces transformations d'emplois ainsi que les recrutements, les avancements et les modifications de rémunérations ne peuvent être décidés s'ils sont de nature à provoquer un dépassement des crédits annuels préalablement ouverts* ». De ce qui précède, l'on pourrait dire que des transformations d'emplois peuvent résulter aussi bien des dispositions de lois de finances que des décrets. Simplement, lorsqu'une transformation provoque un dépassement de crédits, elle ne peut résulter que d'une disposition de loi de finances. Les transformations d'emplois n'entraînant pas dépassement de crédit sont des dispositions non spécifiques des lois de finances.

Seules des lois de finances dites « rectificatives » peuvent, en cours d'année, modifier les dispositions de la loi de finances de l'année. Cela signifie-t-il que dès lors qu'une disposition extrabudgétaire, même non spécifique, est insérée dans une loi de finances de l'année, elle ne peut plus être modifiée par une loi ordinaire mais seulement par une loi de finances rectificative ? Le Conseil constitutionnel français a rejeté cette manière de voir en précisant que cette règle n'est obligatoire qu'au regard des matières relevant de la compétence exclusive des lois de finances[37]. Ces

---

ne peut prévoir de nouveaux impôts et de nouvelles dépenses. Toute autre loi portant création ou aggravation d'une charge publique doit indiquer les moyens d'y pourvoir.

Il en est de même en Espagne car la Constitution du 27 décembre 1978 dispose à sont article 134 al.7 que « La loi des finances ne peut créer d'impôts ».

[37] CC, 29 décembre 1983, RJC, 166.

dispositions non spécifiques aux lois de finances peuvent être modifiées par une simple loi ordinaire. Réserver aux seules lois de finances la modification d'une ressource fiscale en cours d'année limiterait l'initiative des membres du parlement à un droit d'amendement, contrairement aux articles 39 et 40 de la Constitution[38]. La nécessité de recourir à une autre loi de finances ne s'impose que pour les dispositions spécifiques aux lois de finances.

Cette solution est logique, sans quoi les parlementaires perdraient leur pouvoir d'initiative en matière fiscale. Aussi, concernant les transformations d'emplois n'entraînant pas dépassement de crédit, le pouvoir réglementaire peut intervenir par décret. S'il fallait l'intervention d'une autre loi de finances, cette compétence du pouvoir réglementaire risquerait d'être court-circuiter.

En réalité, il existe des dispositions extra-budgétaires[39] qui occupent une place importante dans les lois de finances. Ces dispositions qui ne constituent pas des autorisations budgétaires concernent :

– Les créations, suppressions et transformations d'emplois[40] ;

– L'autorisation de percevoir les impôts des collectivités publiques autre que l'État[41] ;

– Les autorisations en matière d'emprunts[42] ;

---

[38] CC, 4 juin 1984, RCJ, 170.

[39] Il ne s'agit pas d'autorisations budgétaires mais des dispositions entrant exclusivement dans le domaine des lois de finances.

[40] « Les créations et transformations d'emplois ne peuvent résulter que des dispositions prévues par une loi de finances ».

[41] Voir l'article 32 de la loi organique portant loi de finances de 2001.

[42] Les emprunts émis par l'État ne constituent pas des recettes budgétaires. L'article 16 de la loi organique du 15 octobre 2001 énonce que *« les émissions d'emprunts sont faites conformément aux autorisations*

– L'autorisation de percevoir des taxes parafiscales[43].

Mais en dehors de celles-ci interviennent aussi d'autres dispositions spécifiques qui ne sont pas toutes des autorisations notamment les évaluations de recettes, les affectations de recettes, la définition d'un équilibre économique et financier.

On trouve des évaluations dans la loi des finances[44]. En effet, les évaluations font l'objet d'un vote du Parlement. Il est prévu un vote d'ensemble pour le budget général et d'un vote par budget annexe au compte spécial du Trésor.

Il faut bien distinguer l'aspect politique et l'aspect juridique du vote (le fait qu'il y ait vote et l'objet du vote). Le parlement donne son accord pour le vote mais il ne vote pas pour autant une autorisation juridique. Le Parlement approuve de simples estimations. Les recettes ne sont pas donc autorisées. L'évaluation permet au Parlement de

---

générales données chaque année par les lois de finances ». Ces autorisations générales ne sont pas des autorisations budgétaires ;

[43] Selon l'article 6 de la nouvelle loi organique, «*les taxes parafiscales sont perçues dans un intérêt économique ou social au profit d'une personne morale de droit public ou privé autre que l'État, les collectivités territoriales et leurs établissements publics administratifs* ». Ces taxes sont établies par décret pris sur le rapport du ministre des Finances et du ministère intéressé. Bien que non considérées comme des impositions par la Constitution, elles restent soumises en partie au même régime que les impôts en ce sens que leur perception «*au-delà du 31 décembre de l'année de leur établissement doit être autorisée chaque année par une loi de finances* ».

[44] L'article 6 de la loi organique dispose en effet que : « le rendement des impôts dont le produit est affecté à l'État est évalué par les lois de finances ». L'article 7 énonce quant à lui que «le produit des amendes, des rémunérations pour services rendus, les revenus du domaine et des participations financières, les bénéfices des entreprises nationales, les remboursements des prêts ou avances et le montant des produits divers sont prévus et évalués par la loi de finances de l'année ».

mieux apprécier les dépenses à autoriser. Cependant, il faut pour cela que l'évaluation soit sincère[45].

En outre, les affectations de recettes sont des dispositions budgétaires qui méritent une attention particulière dans le cadre de cette étude[46]. S'agit-il d'autorisations budgétaires ? Avant de répondre à ces questions, il faut faire une mise au point.

---

[45] Voir l'article 3 de la loi organique n°99-70 du 17 février 1999 sur la Cour des comptes du Sénégal qui dispose que « la Cour des comptes contribue, par son action permanente de vérification, d'information et de conseil, à la réalisation des missions suivantes : la sauvegarde du patrimoine public et le contrôle de la sincérité des finances publiques, l'amélioration des méthodes et techniques de gestion, et la rationalisation de l'action administrative. Elle s'assure de la régularité des opérations de recettes et de dépenses des organismes contrôlés et, le cas échéant, réprime les manquements aux règles qui régissent lesdites opérations. Elle vérifie et apprécie le bon emploi des crédits et la gestion de l'ensemble des organismes soumis à son contrôle. La Cour établit un rapport général public annuel reprenant les principales observations qu'elle a faites dans l'année et les mesures préconisées pour y remédier ». Voir aussi Conseil constitutionnel français sur la sincérité des évaluations : 21 juin 1993, RJC 526, 29 décembre 1994, RJC 606.

[46] À titre de rappel, il faut signaler que le principe de non-affectation des recettes publiques est un principe traditionnel qui a longtemps prévalu : l'ensemble des recettes sert à couvrir l'ensemble des dépenses. Le principe d'universalité budgétaire se décompose en deux principes : la règle de non-affectation et la règle de non-contraction (Il est impossible de faire figurer uniquement le solde des opérations de recettes et de dépenses). La règle de non-affectation se rattacherait à l'orthodoxie financière classique et à un état libéral. L'affectation était considérée comme une arme dangereuse permettant à l'Exécutif de faire pression sur les assemblées pour arracher des impôts nouveaux pour financer des dépenses. Il y avait également la crainte que le service bénéficiaire d'une affectation considère que cette recette lui appartient et ne fasse des dépenses inutiles afin que les crédits ne lui soient pas ultérieurement retirés. Mais il y a eu une remise en question avec l'apparition de l'Etat-Providence dans la mesure où le droit budgétaire sénégalais aménage un certain nombre de dérogations importantes.

Les dispositions relatives aux affectations de recettes de l'État relèvent de la compétence législative ou de la compétence réglementaire. Toutes les affectations de recettes de l'État ne font pas l'objet de dispositions expresses dans les lois de finances. Toute une catégorie d'affectation de recettes échappe aux lois de finances[47].

Ces dispositions ne sont ni des prévisions ni des autorisations budgétaires mais des décisions budgétaires impératives.

L'article 1er de la loi organique précise que les lois de finances « *déterminent la nature, le montant et l'affectation des ressources et des charges de l'État, compte tenu d'un équilibre économique et financier qu'elles définissent* ». Quelle est la nature de ces dispositions budgétaires ? Elles ont un caractère ambivalent. Il s'agit de dispositions à caractère essentiellement prévisionnel, aussi bien pour les ressources que pour les plafonds des charges. En votant le tableau d'équilibre, le Parlement ne vote aucune autorisation juridique. L'objet de ce vote est en principe d'obliger le Parlement à prendre parti sur une certaine politique budgétaire avant de passer dans la Titre 2 de la loi de finances au vote des crédits.

Ce tableau général d'équilibre à caractère prévisionnel a en effet une portée juridique dans le déroulement même de la procédure législative. Si les parlementaires émettent un vote négatif, la procédure budgétaire s'arrête là. La loi de finances est rejetée. Le gouvernement doit alors préparer un nouveau projet. Si le vote est positif, dans l'examen de la

---

[47] Il s'agit des affectations par procédure comptable particulière (Fonds de concours et rétablissement de crédits). Ces affectations sont décidées en dehors des lois de finances. Qu'elles relèvent de la compétence législative ou réglementaire, les dispositions relatives aux affectations de recettes n'ont pas la nature juridique d'autorisation. Elles ont un contenu impératif (et non pas permissif).

seconde partie, les parlementaires ne peuvent, par leurs votes sur les crédits, apporter des modifications substantielles à l'équilibre général qu'ils ont fixé dans la Titre 1.

La disposition qui contient le tableau d'équilibre a ainsi le caractère d'une disposition impérative et contraignante et non pas seulement prévisionnelle.

On trouve encore dans les lois de finances des actes budgétaires n'ayant pas la nature juridique d'autorisation. Il s'agit de dispositions ayant la nature juridique de décisions même si par leur objet, elles concernent des crédits c'est-à-dire des autorisations budgétaires de dépenses. En matière de dépenses, les seules dispositions qui s'analysent comme des autorisations accordées aux autorités budgétaires d'exécution sont celles ouvrant des crédits. Seules les ouvertures de crédits accordent des autorisations juridiques de dépense. Il y a par contre, toute une série de dispositions relatives aux crédits mais qui ne sont pas des autorisations juridiques. Tel est le cas des annulations de crédits : soient des annulations de crédits pures et simples ou des annulations de crédits dans le cadre d'opérations plus complexes (opérations d'intervention ou de report de crédits)[48]. Dans les deux cas, il y a une double disposition : annulation-ouverture. Toutes ces dispositions d'annulation de crédits ne constituent pas des autorisations budgétaires.

Sont aussi des décisions budgétaires les dispositions des lois de finances qui fixent la liste des chapitres dont la dotation est réputée avoir un caractère évaluatif ou provisionnel ou encore les dispositions fixant la liste des chapitres de dépenses ordinaires pouvant faire l'objet de

---

[48] Une intervention de crédits (transfert ou virement de crédit) consiste à annuler un montant de dépenses sur un poste pour en ouvrir sur un autre (de même montant). Un report de crédits consiste à annuler tel montant de crédits non utilisés sur tel poste du budget et à ouvrir le même montant de crédits sur le même poste l'année suivante.

reports par simple arrêté du ministre des Finances. Sont également des décisions budgétaires les dispositions des lois de finances qui ratifient les décrets d'avance par lesquels le gouvernement a ouvert, en cours d'exercice, des crédits supplémentaires. Ces dispositions n'accordent pas elles-mêmes des crédits, elles valident des actes réglementaires ayant ouvert des autorisations de dépenses supplémentaires.

De ce qui précède, il ne reste plus, que deux catégories d'autorisations budgétaires : les autorisations budgétaires de dépense et les autorisations de perception des impôts.

Mais une précision importante reste à faire car l'autorisation de percevoir les impôts n'est pas une autorisation de recettes et l'autorisation de recette est même inconcevable. Dès lors une question s'impose : En quoi consiste cette autorisation ?

Seule l'autorisation de percevoir les impôts est considérée comme une autorisation budgétaire. Initialement, les impôts étaient conçus comme devant être annuels. Ils n'étaient établis que pour un an (authentique principe d'annualité de l'impôt). La législation fiscale devenait d'elle-même caduque au bout d'un an à moins d'être reconduite par de nouvelles dispositions fiscales[49].

Le juge administratif français a qualifié l'autorisation de perception comme une autorisation de recouvrement[50]. En réalité, elle est bien plus que cela. Le législateur n'autorise

---

[49] La charte de 1814 a rompu partiellement avec ce principe de l'annualité de l'impôt : le principe est gardé pour les impôts directs mais des impôts indirects pouvaient être pluriannuels. C'est à partir de cette époque que s'est forgée une distinction entre d'une part, les dispositions proprement fiscales qui établissent et réglementent ces impôts et d'autre part la disposition annuelle de droit budgétaire contenue dans les lois de finances et confirmant que les impôts établis par la législation fiscale antérieure continueront d'être perçus au cours de l'année budgétaire.
[50] C.E. 26 février 1958, Denis, rec, 135.

pas simplement les actes de recouvrement de l'impôt, il permet à l'ensemble de la législation fiscale antérieure de produire plein effet au cours de l'année budgétaire concernée. Il confirme que les impôts antérieurement établis continueront d'être prélevés. Sans cette autorisation, l'ensemble de la législation fiscale devient inapplicable[51]. L'autorisation de perception ne concerne que les impôts et, plus précisément, en tant qu'autorisation budgétaire, que les impôts de l'État et des collectivités publiques[52]. Cette autorisation budgétaire de perception ne concerne que les impôts au sens strict c'est-à-dire les impositions ayant la nature juridique d'impositions fiscales[53].

Le droit positif distingue trois catégories d'impositions : les impositions proprement fiscales soumises à autorisation annuelle de perception et d'autre part les impositions parafiscales[54] et quasi fiscales.

---

[51] La législation fiscale peut établir des impôts pour plusieurs années. Mais, s'agissant des dispositions fiscales établissant des impôts pour plus d'un an, elles ne produiront leur plein effet que si le législateur, chaque année, lors du vote du budget, autorise formellement la continuation de la perception des impôts en question au cours de l'exercice budgétaire. Sans quoi, ces impôts cesseront d'être en vigueur au cours de l'exercice. Les lois fiscales, même à caractère permanent, présentent cette particularité de ne pouvoir être applicables que d'année en année. Elles ont besoin chaque année d'une autorisation pour être réactivées. Ce système n'a de sens que pour renforcer le contrôle du Parlement efficacement.

[52] Voir l'article 6 de la loi organique n°2001-09 du 15 octobre 2001

[53] Ce dispositif ne concerne pas l'article 7 de la nouvelle loi organique qui régit les recettes non fiscales et qui énonce seulement que leurs produits sont prévus et évalués par la loi de finances de l'année. Les recettes non fiscales n'ont pas besoin de recevoir une autorisation annuelle pour être perçues.

[54] Les taxes parafiscales sont instituées par le pouvoir réglementaire (art. 6 de la nouvelle loi organique) mais on a maintenu la même exigence d'une autorisation législative annuelle de perception que pour les impôts car le même article 6 dispose que « la perception des taxes

Si la perception des taxes parafiscales fait l'objet d'une autorisation annuelle donnée par une loi de finances, cette autorisation, distincte de celle donnée pour les impôts, n'est certainement pas une autorisation budgétaire[55].

Pour les impositions quasi-fiscales, n'ayant pas une nature fiscale, elles ne sont pas soumises à l'autorisation annuelle de perception même lorsqu'elles sont perçues par l'État. En principe, ces prélèvements obligatoires ne peuvent être institués que par le législateur. Cette situation est aussi valable en France[56].

L'autorisation de perception, en tant qu'autorisation budgétaire, ne concerne que les impôts de l'État y compris les impôts locaux. L'ensemble des impôts est soumis à l'autorisation annuelle de perception. Dans les lois de finances, on trouve l'autorisation de perception qui concerne tous les impôts et par ailleurs l'évaluation du produit des autres ressources de l'État. Seule la première autorisation peut être considérée comme une autorisation budgétaire.

Finalement, une autorisation budgétaire de recette proprement dite est donc inconcevable. L'autorisation budgétaire retrouve tout son sens en matière de dépenses publiques et celle-ci est donnée, en principe, par le Parlement.

---

parafiscales au-delà du 31 décembre de l'année de leur établissement doit être autorisée chaque année par une loi de finances ».

55 Le maintien de cette exigence d'une autorisation annuelle de perception alors que ces taxes sont aménagées par le pouvoir réglementaire n'est pas très cohérent. Le pouvoir donné au parlement est purement formel. Le parlement autorise la perception au-delà du 31 décembre de l'année de taxes établies en dehors de son pouvoir d'autorisation au profit du pouvoir réglementaire. Au lendemain de l'autorisation donnée, le pouvoir réglementaire peut modifier complètement le régime des taxes parafiscales.

56 Par exemple les prélèvements de l'État ou des communes sur le produit des jeux dans les casinos ou le prélèvement de l'État sur le PMU, le juge administratif français refuse de leur reconnaître un caractère fiscal : CE 24 juin 1960 Dubonnet D 1960 p. 631.

En définitive, assurer le respect de ces autorisations, prévenir les dépassements avant qu'il soit trop tard, vérifier les différentes opérations budgétaires constituent les préoccupations clés du contrôle budgétaire.

B. L'importance du pouvoir de contrôle du parlement

Ce contrôle financier repose, d'abord, sur l'exercice du pouvoir de contrôle budgétaire et, ensuite l'exploitation des données relatives à l'exécution du budget.

Le contrôle budgétaire offre au parlement la possibilité d'anéantir l'action gouvernementale. En effet, il existe la possibilité de mettre en jeu la responsabilité du Gouvernement et son existence devant l'Assemblée nationale qui marque nettement le caractère parlementaire des institutions républicaines sénégalaises.

En réalité, le Gouvernement est responsable devant l'Assemblée nationale et ne peut rester en fonction contre la volonté de celle-ci[57].Les conditions de mise en jeu de la responsabilité du Gouvernement marquent le souci des rédacteurs de la Constitution d'assurer une stabilité gouvernementale[58]. Ainsi, le Premier ministre peut décider de poser la question de confiance sur un programme ou déclaration de politique[59]. Le vote sur la question de confiance ne peut intervenir que deux jours francs après qu'elle a été déposée. Le vote par scrutin public est de droit

[57] La faculté donnée à une assemblée parlementaire de mettre en cause par un vote l'existence même du Gouvernement constitue la caractéristique fondatrice des régimes parlementaires, par opposition aux régimes dits présidentiels dont les institutions des États-Unis fournissent le meilleur exemple. En dépit de l'étendue des prérogatives qu'elle accorde au Président de la République, la Constitution sénégalaise organise incontestablement un régime parlementaire.
[58] Afin d'éviter tout risque de détournement, les procédures sont définies de manière détaillée par la Constitution elle-même.
[59] Article 98 de loi 2002-20 portant règlement intérieur de l'Assemblée nationale.

lorsque la responsabilité du Gouvernement est engagée. Ce vote a lieu à la tribune. Il est émis à la majorité absolue des suffrages exprimés[60].

Aussi, la motion de censure constitue un autre moyen de contrôle du Parlement en matière budgétaire. En premier lieu, le dépôt, l'examen et le vote d'une motion de censure ne sont possibles qu'à l'Assemblée nationale. En second lieu, pour être examinée, la motion de censure doit être signée par au moins un dixième des membres de l'Assemblée nationale. Toutefois, le vote d'une motion de censure, même si elle n'est pas adoptée, est l'occasion d'un affrontement politique entre la majorité et l'opposition, fortement relayé par les médias. Elle contraint le Gouvernement à s'expliquer sur tel ou tel aspect de sa politique[61]. Mais elle ne contribue guère à un contrôle approfondi du Gouvernement et de son action. Si la motion de censure est adoptée, elle entraîne la démission du Gouvernement, mettant ainsi un terme au conflit opposant le Gouvernement et l'Assemblée nationale[62].

---

[60] La référence à la notion de "programme" du Gouvernement n'implique nullement que le Premier ministre doive obtenir une investiture de l'Assemblée nationale et donc engager sa responsabilité lors de son entrée en fonction : l'investiture présidentielle est à elle seule suffisante, dès lors que le Président de la République est élu au suffrage universel. Il s'agit d'une marque de considération à l'égard des députés, notamment ceux de la majorité, l'engagement de responsabilité est aussi le moyen de démontrer l'unité de la majorité parlementaire autour du Gouvernement et de son chef ou du Chef de l'État.

[61] Arme ultime à la disposition de l'Assemblée nationale, la motion de censure participe de l'équilibre général des pouvoirs exécutif et législatif.

[62] Instrument de contrôle et de sanction politiques, la motion de censure se prête peu à l'évaluation et au contrôle des politiques publiques. La Constitution organise non seulement la mise en jeu de la responsabilité politique du Gouvernement mais également celle de la responsabilité pénale des membres du pouvoir exécutif.

Il convient, également, de préciser qu'il existe d'autres procédures, écrites ou orales, permettent aux députés d'interroger le Gouvernement et de le conduire à s'expliquer sur certains aspects de sa politique[63]. En effet, le Parlement veille, au cours de la gestion annuelle, à la bonne exécution de la loi de finances. Les informations qu'il pourrait demander, ou les investigations sur place qu'il entendrait conduire, ne sauraient lui être refusées. Il peut procéder à l'audition des ministres[64].De ce point de vue, la multiplicité des documents comptables transmis à la commission des Finances du parlement autorise un suivi budgétaire détaillé[65]. Ces données sont complétées par les informations que les rapporteurs de la commission des Finances sont en droit d'obtenir dans le cadre des pouvoirs d'investigation et de contrôle qui leur sont accordés, en vue de suivre et de contrôler, de façon permanente, l'emploi des crédits inscrits au budget du département qu'ils sont chargés de rapporter lors de l'examen du projet de loi de finances de l'année. Ils disposent, notamment, à ce titre, des réponses aux questionnaires budgétaires adressés chaque année aux ministères concernés[66].

---

[63] ***Les questions écrites*** (*procédure* d'usage très fréquent, la possibilité d'adresser des questions écrites aux ministres constitue un moyen de contrôle et d'information très utile), les ***questions orales*** (*les* députés peuvent interroger le Gouvernement sur un thème de leur choix, y compris sur des sujets d'intérêt local) et les enquêtes parlementaires.

[64] Voir l'Article 73 de la Directive n°05/97/CM/UEMOA relative aux lois de finances.

[65] Il s'agit de la situation mensuelle des crédits et dépenses du budget général, situation comparative mensuelle des dépenses et des crédits de chaque ministère, situation trimestrielle des dépenses engagées, situation mensuelle du recouvrement des recettes de l'État, situation résumée des opérations du Trésor, etc.

[66] L'information renouvelée dont dispose les parlementaires est le gage d'une autorisation éclairée, au regard des nouveaux moyens d'action dont ils sont investis. Au vu du rapport sur l'évolution de l'économie nationale et sur les orientations des finances publiques présenté par le

Le contrôle budgétaire s'exerce également en recourant aux multiples moyens d'information dont dispose, de façon plus générale, le Parlement. Ainsi, au fil des années, la liste des rapports, bilans, ou autres documents que le législateur a fait obligation au Gouvernement de joindre, selon une périodicité variable à ses projets de loi de finances, s'est considérablement allongée. Parallèlement, les commissions permanentes, et particulièrement la commission des Finances, ont développé la pratique des rapports d'information, prévue par le règlement intérieur de l'Assemblée nationale, qui, au-delà des auditions, publiques ou non, auxquelles elles peuvent être amenées à procéder, a permis de passer progressivement de la notion de contrôle à celle, plus large, d'évaluation.

Aussi, l'examen des lois de finances rectificatives déposées en cours d'année par le Gouvernement, fournit l'occasion d'exercer un contrôle sur l'exécution du budget de l'État[67]. Cet examen constitue à cet égard un moment privilégié car les interventions relatives aux annulations de crédits décidées au titre de la « régulation budgétaire » ou celles portant sur les sous-évaluations de dotations ne sont pas rares. Il convient cependant se pencher sur certaines

---

gouvernement, les commissions des finances suivent et contrôlent l'exécution des lois de finances et procèdent à l'évaluation de toute question relative aux finances publiques. Leur rapporteur général et leurs rapporteurs spéciaux procèdent à toutes investigations sur pièces et sur place, et à toutes auditions qu'ils jugent utiles.

[67] Les lois de finances rectificatives sont aussi prises en cas de bouleversements importants de la situation d'équilibre non pas seulement du budget général mais de chaque ligne budgétaire du fait de la création de nouveaux postes budgétaires, de la modification ou de la suppression des structures et emplois prévus dans la loi de finances initiale. Elles permettent à l'Assemblée nationale en place ou renouvelée de donner une nouvelle autorisation et, au ministre qui bénéficie d'un département nouvellement créé ou aménagé de défendre la politique qu'il entend mener et demander les crédits nécessaires.

imperfections textuelles relatives aux lois de finances rectificatives. En effet, les pouvoirs des parlementaires sur cet instrument financier sont rigoureusement limités : pas de propositions, pas d'amendements augmentant les charges publiques ou diminuant les recettes publiques, à moins qu'ils ne soient accompagnés de propositions de recettes compensatrices, que le Conseil constitutionnel sénégalais assimile à des recettes nouvelles[68].

Pour que le Parlement puisse participer véritablement à l'exercice du pouvoir financier, il faudrait qu'il ait, non seulement la faculté d'approuver ou de rejeter le projet du gouvernement, mais encore qu'il puisse y apporter des amendements, sinon son pouvoir se réduit à un simple droit d'enregistrement. Certes, il n'a jamais été question de reconnaître aux Assemblées un véritable droit d'initiative comme pour les lois ordinaires. Les députés ne peuvent déposer une « proposition » de budget, ils en seraient d'ailleurs incapables, ne disposant pas des éléments nécessaires. Il s'agit simplement de savoir dans quelle mesure et dans quelles limites ils peuvent modifier le texte élaboré par le gouvernement[69]. En effet, « les propositions et les amendements formulés par les membres des assemblées ne sont pas recevables lorsque leur adoption aurait pour conséquence, soit une diminution des ressources publiques, soit la création ou l'aggravation d'une charge

---

[68] Conseil constitutionnel sénégalais, Décision 3/98.

[69] Oliva, E., *Normes de constitutionnalité ou normes constitutionnelles : ambiguïté des lois organiques financières*, Mélanges en l'honneur de Louis Favoreu, Dalloz, 2007, p. 1360. Voir aussi Sophie de Casqueray et Guy Nicolas, *Le parlement et l'adoption des normes sanitaires*, Mélanges en l'honneur de Louis Favoreu, Dalloz, 2007, p.596. Didier Migaud, Mise *en oeuvre de la LOLF : les évolutions dans les relations entre l'exécutif et le législatif*, RFFP, n°82, juin 2003, p. 28. Yves Cannac, *Loi organique relative aux lois de finances : une chance et un défi*, RFFP, n°82, juin 2003, p. 10.

publique »[70]. Toutefois, « aucun article additionnel ni amendement à un projet de lois de finances ne peuvent être proposés par le Parlement, sauf s'ils tendent à supprimer ou à réduire effectivement une dépense, à créer ou à accroître une recette »[71].

Deux cas bien différents sont à distinguer selon que l'amendement concerné a une incidence en termes de ressources publiques ou une incidence en termes de charge publique. S'agissant des recettes, une diminution d'une ressource publique est recevable dès lors qu'elle est gagée par l'augmentation d'une autre recette. Tout amendement portant diminution d'une recette « non gagée[72] » est irrecevable au sens de l'article 82 de la Constitution[73]. Bien entendu, un amendement parlementaire peut toujours diminuer la dépense. C'est l'augmentation d'une charge publique qui est en cause.

---

[70] Aux termes de l'article 82 de la Constitution sénégalaise « les propositions et amendements formulés par les parlementaires ne sont pas recevables lorsque leur adoption aurait pour conséquence, soit une diminution des ressources publiques, soit la création ou l'aggravation d'une charge publique, à moins que ces propositions et amendements ne soient assortis de propositions de recettes compensatrices… ». Voir 42 de la loi organique 2001-09 relative aux lois de finances.

[71] Voir l'article 82 al 2.

[72] La réalité du gage est ainsi appréciée de deux façons :
– d'une part, l'augmentation de recettes doit compenser exactement la perte de recettes suscitée par la disposition concernée,
– d'autre part, l'augmentation de recettes déterminée par le gage doit bénéficier à la collectivité qui subit la perte de recettes.

[73] Décision du conseil constitutionnel sénégalais n° 1 du 24janvier 1998. Voir également la décision du Conseil constitutionnel français n° 76-64 DC du 2 juin 1976, il faut que « *la ressource destinée à compenser la diminution d'une ressource publique soit réelle, qu'elle bénéficie aux mêmes collectivités ou organismes que ceux au profit desquels est perçue la ressource qui fait l'objet d'une diminution et que la compensation soit immédiate* ».

Il ressort de ce qui précède qu'une compensation entre une charge et une ressource est interdite parce que les parlementaires ont interdiction d'agir sur les charges et toute compensation entre plusieurs charges entraîne également l'irrecevabilité[74]. La compensation entre plusieurs ressources est le cas autorisé par le Conseil constitutionnel[75] et cette compensation doit être réelle et immédiate[76].

On ne peut passer sous silence, enfin, la loi de règlement qui, en principe, déposée au plus tard à la fin de l'année qui suit celle d'exécution du budget, a pour objet de constater les résultats financiers de chaque année civile et d'approuver les différences entre ceux-ci et les prévisions de la loi de finances initiale, éventuellement modifiée par les lois de finances rectificatives[77]. Le contrôle parlementaire a posteriori de l'exécution du budget s'exerce lors de l'examen et du vote du projet de loi de règlement. Le Parlement est en droit à cette occasion de demander à la juridiction des comptes la réalisation de toutes enquêtes nécessaires à son information[78]. Dans ce cadre, il est attendu du Parlement qu'il « se livre à un véritable contrôle de la légalité budgétaire en examinant la régularité des dépenses. En d'autres termes, il envisage dans quelle

---

74 DOUAT, E., *Finances publiques, Finances communautaires, nationales, sociales et locales*, PUF, 1999.

75 Voir la décision n° 1-C -98 DU 24janvier 1998 du Conseil constitutionnel sénégalais.

76 TAUGOURDEAU, J-.P, *Réformer le droit de l'initiative en matière de lois de finances*, Revue du Trésor, 1982, p.89. Voir également LEBRETON, J-P, *Conseil constitutionnel et irrecevabilités financières dans le cadre de la procédure législative*, Revue administrative, 1978, p. 274.

77 Nous aborderons la loi de règlement au regard de la pratique dans le Titre 2.

78 Voir l'Article 74 de la Directive 05/97/CM/UEMOA relative aux lois de finances.

mesure le budget a été correctement exécuté compte tenu de la conjoncture politique, économique et sociale »[79].

Ces pouvoirs de décision, certes importants, au regard du droit positif sont contrariés dans la pratique budgétaire.

II. Des pouvoirs de décision pratiquement restreints

En dépit du caractère législatif du budget, le rôle des Assemblées s'est modifié : elles ne participent plus dorénavant à l'élaboration de la politique financière, elles se bornent à accorder ou à refuser leur confiance au gouvernement à l'occasion de la politique qui leur est présentée[80].

La discussion et le vote du budget ne sont pas, pour le Parlement, l'occasion de participer à la prise de décision financière, mais elle permet de le tenir informé des problèmes généraux concernant les finances publiques et d'engager une discussion sur la gestion des différents services de l'Administration et sur l'orientation de la politique financière[81]. Mais la pratique budgétaire a révélé des paradoxes qui illustrent que les pouvoirs de décision du parlement en matière budgétaire sont non seulement concurrencés (A) mais aussi contournés (B).

A. Un pouvoir concurrencé

---

[79] MUZZELEC, R., « *Un exemple de contrôle parlementaire a posteriori : la loi de règlement* », in Revue de science financière, 1973, p. 28.

[80] Cette notion de confiance est aujourd'hui au centre même des institutions budgétaires et plus généralement du système parlementaire : le Parlement est amené de plus en plus souvent à voter des actes législatifs qui ont la signification politique d'actes de confiance ; qu'il s'agisse des lois-cadres, consacrées par la Constitution sous la forme de lois déterminant les « principes fondamentaux » ; qu'il s'agisse des lois-programmes ou de l'approbation du plan. La loi de finances s'inscrit dans cette nouvelle forme de participation parlementaire : elle constitue la forme de confiance la plus importante que, d'années en année, le Parlement témoigne au gouvernement.

[81] P. AMSELEK. *Op. cit.*, p. 570.

Le gouvernement dispose des pouvoirs de modifications qui peuvent être apportées aux autorisations budgétaires accordées au moment de l'adoption du budget : les modifications du montant des crédits, les modifications de l'affectation des crédits et les modifications de la période d'utilisation des crédits.

Le Gouvernement et plus particulièrement le ministre des Finances peuvent modifier le montant des crédits, soit d'une façon expresse par des mesures réglementaires, soit d'une façon tacite en dépassant les crédits figurant dans la loi de finances. La première hypothèse correspond aux modifications qui résultent, soit de décrets d'avance[82], soit de procédures comptables particulières d'affectation de recettes qui sont au nombre de deux : les fonds de concours[83] et les rétablissements de crédits[84], soit enfin de majoration liée à des surplus de recettes[85].

Les procédures prévues par la loi organique, qui permettent de modifier par voie réglementaire l'affectation

---

[82] Les décrets d'avances permettent d'ouvrir des crédits additionnels au profit de chapitres dotés de crédits provisionnels ou de crédits limitatifs. Ces décrets autorisent le paiement de dépenses de l'État en dépensant des crédits ouverts par la loi des finances sous réserve de ratification par la suite par ou les lois de finances rectificatives.

[83] À titre de rappel, les fonds de concours sont des sommes apportées par des personnes physiques ou morales, à titre personnel, en vue de participer à côté d'une collectivité publique territoriale ou d'un service public doté de budget annexe ou de compte spécial de trésor, à la réalisation d'un projet d'intérêt public ou d'intérêt commun.

[84] Il s'agit des sommes qu'un service public géré en régie ou doté d'un budget annexe ou d'un compte spécial du trésor parvient à récupérer à la suite de reversement au trésor public des fonds dont le paiement avait été effectué sur les crédits imputés à ce service public, à ce budget annexe ou à ce compte spécial du trésor. Cette procédure consiste à annuler des dépenses effectuées sur crédits budgétaires et à rétablir ainsi la dotation initiale du chapitre sur lequel les paiements avaient été effectués.

[85] Une augmentation des crédits résulte également des reports de crédits de l'année précédente. Inversement, une diminution des crédits de l'année en cours est réalisée par des reports de crédits à l'année suivante.

des crédits en cours de gestion sont des arrêtés de virements et de transferts[86].

Le dernier rapport public de 2006 publié en 2009 de la Cour des comptes du Sénégal relève des dysfonctionnements qui rendent compte des majorations, des crédits non justifiés[87], des dépassements des crédits[88] ou de ce que l'on a qualifié récemment de dépassements budgétaires[89].

---

[86] Les virements consistent à faire passer d'un chapitre sur un autre des crédits inutilisés. Étant donné que les chapitres sont spécialisés, le virement aboutit donc à changer la nature du crédit. Par suite, ces virements ne peuvent être autorisés que dans des conditions très strictes, sous peine de réduire à néant la règle de la spécialité budgétaire. C'est pourquoi les virements n'ont été admis que très tardivement et dans des limites très précises.

[87] En 1999, une loi de finances rectificative a procédé, en cours de gestion, à la modification du montant des crédits initialement ouverts. Ainsi, les crédits ouverts pour les services votés réévalués sont passés de 261,2 milliards à 295,6 milliards pendant que les crédits ouverts pour les mesures nouvelles passaient de 34,4 milliards à 20,0 milliards.
L'exécutif a également procédé à des modifications sur la répartition des crédits en application des dispositions de la loi organique n° 75-64 du 28 juin 1975 relative aux lois de finances (articles 40 et suivants). Ces modifications réglementaires ne devant pas donner lieu à la création de charges nouvelles.

[88] La Cour a relevé des dépassements de crédit à certains chapitres. Ces dépassements se chiffrent au montant global de 6.0 milliards sur les crédits de fonctionnement. Les dépassements constatés sur les « dépenses de personnel » pour 5.8 milliards et sur les dépenses d'entretien du ministère des Affaires étrangères pour 0.2 milliard ne sont pas irréguliers puisque les crédits concernés sont évaluatifs. En revanche, le dépassement de 0.05 milliard constaté dans les dépenses de matériel du ministère de l'Intérieur est irrégulier puisque ce chapitre est doté de crédits limitatifs. Cette augmentation non ratifiée par le Parlement, à la connaissance de la cour, est contraire à la réglementation. Pour le ministre de l'Économie et des Finances « la vocation du projet de loi de règlement est de régulariser ces cas de dépassement exceptionnel des crédits limitatifs. Les crédits de dépenses ordinaires disponibles sont largement au-dessus de ce dépassement de 52.999.304.francs ».

[89] Il s'agit de dépenses effectuées par les démembrements ou des agents de l'État qui n'ont pas respecté les principes budgétaires et les lois et règlements en la matière.

À titre de rappel, le Parlement s'est efforcé tout au long du XIXe siècle d'obtenir le droit de voter les crédits d'une façon de plus en plus détaillée, et corrélativement d'obliger le Gouvernement à respecter l'affectation et le montant de chaque unité de crédit. Proclamé par la loi du 29 janvier 1831, remis en cause sous le Second Empire, le principe de la spécialité est réaffirmé très clairement à l'article 30 de la loi du 16 septembre 1871 : « *Le budget est voté par chapitre, aucun virement ne peut avoir lieu d'un chapitre à un autre* »[90]. Jusqu'en 1950, la règle sera respectée, les modifications des dotations ne seront réalisées que par voie législative. À partir de 1950, des virements par décret seront autorisés à l'intérieur du budget de la Défense nationale. Puis en 1955, une faculté d'ajustement des crédits par voie d'arrêté interministériel fut reconnue au Gouvernement pour les dépenses ordinaires civiles. Cette faculté qui était étroitement limitée, fut étendue par le décret du 19 juin 1956 à l'ensemble des chapitres budgétaires (dépenses ordinaires et en capital, civiles et militaires).

Pour l'essentiel, l'ordonnance de 1959 reprendra les dispositions antérieures et précisera dans son article 14 le régime actuel des virements[91].

Le droit financier sénégalais ne connaît les virements de crédits qu'à partir de 1975. Avec l'ordonnance 63.01 du 15 mai 1963 portant loi organique relative aux lois de finances, le problème était celui de l'affectation des ressources de l'État

---

[90] ANDRÉ P., *Finances Publiques*, Paris, ARMAND COLIN, 1999.

[91] – les virements sont autorisés par décret pris sur le rapport du ministre des Finances ;
– ils ne peuvent intervenir qu'à l'intérieur du même titre du budget du même ministère ;
– ils ne peuvent dépasser le dixième de la dotation de chacun des chapitres intéressés ;
– ils ne peuvent être opérés d'une dotation évaluative ou provisionnelle au profit d'une dotation limitative.

à certaines dépenses. L'article 1er de l'ordonnance 63.01 ainsi que l'article 1er de la loi organique 75.64, disposent que cette affectation prévue et autorisée, est conférée au pouvoir réglementaire par la loi organique. Celle-ci prévoit dans son article 39 que des décrets interviendront afin de répartir par articles et paragraphes, pour chaque chapitre, les crédits ouverts au budget général ainsi que par comptes particuliers les opérations des comptes spéciaux du Trésor. Le législateur se réserve donc l'affectation par chapitre pour le budget général et par catégories pour les comptes spéciaux. Il appartient au pouvoir réglementaire de répartir les crédits ainsi affectés par la loi de finances (en articles, paragraphes et comptes particuliers) mais non de modifier la répartition entre ministère et chapitre voulue par le législateur.

Mais si en cours d'année un ministre se trouve devant des crédits excédentaires ou insuffisants, des virements de crédits seront-ils possibles en cours d'année ? La solution donnée à ce problème au Sénégal peut être résumée comme suit : les virements sont autorisés par décret, pris sur le rapport du ministre des Finances, sous réserve qu'ils interviennent à l'intérieur d'un même ministère et qu'ils ne dépassent pas 1/10 de la dotation des chapitres concernés. Sous ces réserves, les virements de chapitres à chapitres sont permis[92]. Toutefois, aucun virement ne peut intervenir d'une dotation évaluative au profit d'un ministère à l'autre sauf si la nature de la dépense n'est pas modifiée mais seulement la détermination du service responsable de l'exécution de la dépense. Dans ce cas d'ailleurs, il ne s'agit pas d'un virement mais d'un transfert, lequel est autorisé non par décret, mais par simple arrêté du ministre des Finances[93].

---

[92] Article 15 de loi organique 2001-09 du 15 octobre 2001, *op. cit.*

[93] L'ordonnance 63.01 du 15 mai 1963 avait été restrictive sur ce point. Non seulement les virements n'étaient pas possibles d'un ministère à l'autre mais même, à l'intérieur d'un même ministère, d'un chapitre à

À titre exceptionnel et en cas de nécessité absolue, peuvent être autorisés, par décret pris sur le rapport du ministre chargé des Finances, des virements de chapitre à chapitre à l'intérieur d'un même ministère ou d'un chapitre de dépenses communes au chapitre d'un ministère et réciproquement, pour ce qui concerne le budget de fonctionnement, et de chapitre à chapitre à l'intérieur d'un ministère ou d'un ministère à un autre, pour ce qui concerne le budget d'équipement. En aucun cas, des virements de crédits ne peuvent être effectués d'un chapitre de crédits évaluatifs à un autre chapitre.

Certes, la loi organique 2001-09 du 15 octobre 2001 restreint la possibilité de prendre les décrets de virement aux cas exceptionnels et de nécessité absolue, mais on peut craindre que cette restriction ne soit pas très opérante car il est bien rare que les nécessités financières ne paraissent pas « absolues » et « exceptionnelles »[94].

En outre, les transferts permettent de modifier la détermination du service de la dépense sans changer la nature de

---

l'autre. Les virements n'étaient autorisés – et seulement par décret – que d'un article à l'autre. Ce n'est qu'à l'intérieur d'un même article que les virements étaient possibles (d'un paragraphe à l'autre), par simple arrêté du ministre des Finances. Les transferts de crédits d'un service et éventuellement d'un ministère à l'autre, sans modification de la nature de la dépense, étaient en revanche autorisés comme dans la législation française. L'ordonnance 63.01 ne reprenait pas la législation française interdisant les virements d'un chapitre évaluatif à un chapitre limitatif, pour la simple raison que les crédits évaluatifs étaient alors inconnus dans la législation financière sénégalaise.
Cette législation se caractérisait par l'interdiction des virements d'un chapitre à l'autre, même à l'intérieur d'un ministère. Sur ce point, elle se révèle d'ailleurs inapplicable et inappliquée. Une pratique constante de virements de crédits par simple « certificats administratifs » s'instaure. Il était préférable et plus réaliste d'adapter la législation aux faits.

[94] Mamadou Diop, *Finances publiques sénégalaises*, Dakar, NEA, 1977.

celle-ci. Ils sont autorisés, sans limitations d'aucune sorte, par simple arrêté du ministre de l'Économie et des Finances.

Par ailleurs, le cadre annuel[95] étant parfois étroit pour les contraintes de la gestion budgétaire, pour la perception des recettes et l'utilisation des dépenses, interviennent ainsi plusieurs modifications importantes dont les reports de crédits et les autorisations de programmes[96].

Il apparaît ainsi que les pouvoirs de décision du parlement sont concurrencés effectivement par les pouvoirs de gouvernement. Mais ces pouvoirs du parlement sont aussi contournés.

B. Un pouvoir contourne

Aujourd'hui, la vie du parlement, même dans l'exercice de ses compétences en matière budgétaire, est marquée par l'importance prise par le jeu des partis, qui transforme la signification du régime parlementaire et elle se manifeste par le recul des procédures traditionnelles. En effet, le régime parlementaire a été élaboré en un temps où chaque député était censé se déterminer selon son intime conviction et il visait à instituer un équilibre entre l'exécutif et le législatif, considérés comme potentiellement antagonistes. Or sur ces deux plans, les changements sont considérables. Les députés appartiennent à des partis, sans lesquels ils ne pourraient se faire élire et dont, une fois élus, ils doivent suivre avec discipline les consignes. Le régime parlementaire est devenu un régime des partis. Il s'ensuit que lorsqu'il fonctionne correctement, on ne peut plus considérer le gouvernement et l'Assemblée comme des organes antagonistes puisque c'est le même parti ou la même coalition qui dispose du premier et de la majorité au sein de la seconde. C'est pourquoi le

---

[95] Le respect de la règle de l'annualité implique que l'autorisation de recettes ou de dépenses soit valable pour une année déterminée.

[96] La limite supérieure des dépenses que les ministres sont autorisés à engager pour l'exécution des investissements prévus par la loi.

régime parlementaire est désormais, au moins au cours d'une législature, un régime de concentration des pouvoirs au profit d'un parti ou d'une coalition bien davantage qu'un régime d'équilibre[97].

Ce recul affecte tout particulièrement la responsabilité politique du gouvernement devant l'Assemblée élue au suffrage universel direct (la seule devant laquelle il soit désormais responsable). La responsabilité gouvernementale est, en effet, l'objet d'un phénomène singulier. Elle n'est presque plus jamais mise en cause par les voies parlementaires traditionnelles (refus de confiance, motion de censure) mais l'instabilité gouvernementale n'a pas diminué pour autant[98]. En d'autres termes, au Sénégal où une majorité solide peut être dégagée, il n'y a pas de crises, dans les autres systèmes, les crises subsistent mais l'essentiel en ce qui les concerne se situe en dehors de l'enceinte parlementaire[99].

---

[97] Cette nouvelle signification du régime parlementaire s'applique à la plupart des pays qui le pratiquent, mais avec quelques notables exceptions visant notamment l'Italie (jusqu'en 1994) et les Troisièmes et Quatrièmes Républiques (ce qui fausse les perspectives françaises sur la réalité actuelle du régime parlementaire).

[98] Simplement, les crises surviennent sans que l'Assemblée ait eu à se prononcer, pour des motifs qui tiennent essentiellement aux décisions prises de l'extérieur par les partis politiques.

[99] PACTET, P., *« L'évolution contemporaine de la responsabilité gouvernementale dans les démocraties pluralistes »*, in Mélanges Burdeau, L.G.D.J., 1977, p. 191.

Déclin[100], décadence[101], affaiblissement[102], abaissement, humiliation, les qualificatifs ne manquent pas pour stigmatiser la position qui serait celle du Parlement devenu vassal obéissant d'un exécutif dominant et surpuissant[103]. En réalité, l'autorisation parlementaire en matière budgétaire a perdu de son intérêt en raison de son phénomène majoritaire[104]. À quoi bon de faire de la figuration passive lorsque les résultats sont connus d'avance et qu'il suffit d'organiser la présence des parlementaires pour que l'opposition reste minoritaire[105]. En effet, les séances publiques parlementaires ne sont que la partie visible de l'iceberg et n'occupe au parlement qu'un temps limité parlementaire qui doit se répartir son bureau, sa commission, ses délégations, ses auditions, ses groupes d'amitié, etc.[106].

---

[100]DABEZIES, P., « *Le déclin du Parlement* », *Projet*, n° 56, juin 1971, p. 671 *sq.* ; Pierre Lalumière, « *Le déclin du rôle financier des parlements en Europe occidentale* », Mélanges Jean Brethe de la Gressaye, Bordeaux, Brière, 1967, p. 405 *sq.* ; Pierre Avril, *Les Français et leur Parlement*, Paris, Casterman, coll. « P.H. », 1972.

[101] Paul Durand, *« La décadence de la loi dans la Constitution de la Ve République* », *JCP*, 1959, n° 1470.

[102] MASCLET, J-C., *Le Rôle du député et ses attaches institutionnelles sous la Ve République*, LGDJ, coll. « Bibliothèque constitutionnelle et de science politique », 1979, p. 1.

[103]HAURIOU, A., *Droit constitutionnel et Institutions politiques*, Montchrestien, 5e éd., 1972, p. 863 ; Jean Gicquel, *Droit constitutionnel et Institutions politiques*, Montchrestien, coll. « Domat Droit public », 15e éd., 1997, p. 640 ; Guy Carcassonne, *« La résistance de l'Assemblée nationale à l'abaissement de son rôle* », *in* Olivier Duhamel et Jean-Luc Parodi (dir.), *La Constitution de la Ve République*, Presses de Sciences Po, coll. « Références », 2e éd., 1988, p. 330 *sq.*

[104] BOUVIER, M., *« Mutations des finances publiques et crise du pouvoir politique* ? », RFFP, n° 79, 2002, p. 241.

[105] GELARD, P., *Remarques pertinentes sur la séance publique au Sénat*, in Mélanges de Jean GICQUEL, Montchrestien, 2008, p.187

[106] GELARD, P., *Remarques pertinentes sur la séance publique au Sénat*, *op.cit.*

Il en résulte que le temps étant limité, le contrôle de l'activité gouvernementale demeure malheureusement trop restreint. Concrètement, les textes ôtent au Parlement toute maîtrise du processus budgétaire qui revient principalement au Gouvernement, dont l'ensemble de la préparation du budget. De manière plus spécifique, la Constitution limite le pouvoir du Parlement en imposant des contraintes de délais très strictes. Cette contrainte temporelle va se traduire sous plusieurs formes. Le Parlement doit d'abord attendre le dépôt du projet de loi de finances, qui ne peut être une proposition : seul le Gouvernement en a l'initiative au Sénégal et la Constitution sénégalaise et la loi organique de 2001 relative aux lois de finances ne font référence qu'aux « projets de lois de finances ». Il ne s'y ajoute que l'inscription de l'examen du projet de loi de finances à l'ordre du jour des Assemblées ne peut se faire à n'importe quel moment puisqu'aux termes de 68 de Constitution sénégalaise de du 22 janvier 2001, le projet de loi de finances de l'année y compris le rapport et les annexes explicatives est déposé sur le bureau de l'Assemblée nationale au plus tard le jour de l'ouverture de la session fixée. Cela s'explique par le nécessaire respect du principe d'annualité et, partant, des délais constitutionnels. Ces derniers sont en particulier prévus à l'article 68 précité de la Constitution sénégalaise, s'élevant globalement à soixante jours. S'il n'est pas respecté, « les dispositions du projet peuvent être mises en vigueur par ordonnance »[107], ce qui représente une forte sanction du Parlement, bien qu'elle ne soit qu'une simple faculté laissée au gouvernement.

Il s'y ajoute que les questions orales n'intéressent que ceux qui la posent. En effet, les questions d'actualité ont perdu toute pertinence et permettent seulement aux parlementaires de se faire voir à la télévision et les

[107] Voir l'article 68 de la Constitution sénégalaise du 22 janvier 2001

questions orales avec débats sont rares et dénuées souvent de toute pertinence.

Le phénomène majoritaire est pour une large part responsable de cet affaiblissement de la fonction parlementaire en général et de sa fonction financière en particulier[108].

À cela il faut ajouter que l'opposition ne dispose pas des moyens d'exercer un contrôle efficace, puisque sa représentation, au sein de la Commission des finances, pour ce qui nous occupe, n'est pas prééminente. Force est de constater que le Parlement sous-utilise ses pouvoirs : les enquêtes sur pièce et sur place sont très rares et de nombreux travaux restent sans lendemain, déposés tardivement, les projets de lois de finances rectificatives font l'objet d'une ratification sans débat. Lorsque le Gouvernement veut recourir à des lois de finances rectificatives, il ne peut agir à sa guise. La loi organique relative aux lois de finances impose un cheminement[109]. En réalité, les projets de lois de finances rectificatives[110] sont soumis aux mêmes obligations procédurales que les projets de loi de finances initiale[111].

---

[108]HERTZOG, R., « *L'avenir du pouvoir financier du Parlement : miroir des ombres ou garant de l'équilibre du 'gouvernement général*», *in* L. PHILIP (dir.), *L'exercice du pouvoir financier du Parlement. Théorie, pratique et évolution*, Paris, Aix-en-Provence, Economica, Presses universitaires d'Aix-Marseille, 1996, p. 136.

[109]C'est ainsi que les législations nationales et communautaires imposent des règles de la présentation des collectifs budgétaires. La loi organique n° 75-64 du 28 juin 1975 dispose que les lois de finances rectificatives sont présentées pour la partie qu'elles modifient dans les mêmes formes que les lois de finances de l'année. Elles sont divisées en deux parties. La première partie comporte un article d'équilibre définissant les nouvelles composantes de la situation d'équilibre budgétaire et modificatif de l'État des voies et moyens.

[110] Article 35 de la Directive n° 5/97/CM/UEMOA.

[111] Il faut une préparation du texte par le ministère des Finances et par les autres ministères concernés, consultation de la Cour suprême et délibération en Conseil des ministres. En France, devant le Parlement,

Le vote de la loi de règlement ayant la finalité comptable de délivrer un quitus à la gestion des opérations budgétaires et de régulariser des opérations budgétaires qui n'ont pas été respectueuses de la légalité budgétaire en couvrant leurs responsables, son examen dans la pratique budgétaire sénégalaise, montre que le contrôle de régularité budgétaire effectué par les lois de règlement ne révèle pas, pour l'essentiel, des irrégularités et infractions significatives à la réglementation budgétaire.

Dans la pratique sénégalaise, le vote de la loi de règlement a toujours été une formalité aussi bien dans le système du parti unifié avec un Parlement monocolore que dans le cadre du système pluraliste avec un Parlement pluraliste. Cependant, il faut noter que les parlementaires voient dans le vote de la loi de règlement une occasion de s'informer sur les données financières de l'État et de formuler des doléances politiques ayant des incidences financières[112].

La pratique budgétaire montre que désarmés face à l'arsenal d'explications comptables et financières contenues dans le projet de loi de règlement et systématiquement confortées par le juge des comptes, les parlementaires ne peuvent que se fier à la Cour mais aussi à la présentation censée plus simplifiée que dresse à leur intention le rapport fait au nom de la Commission des Finances, de l'Économie

---

il faudra passer par les commissions des finances et la deuxième partie ne pourra être mise en discussion avant le vote de la première partie. Au Sénégal, la Commission des Finances de l'Assemblée nationale devra adopter le projet avant la discussion en séance plénière. En matière de procédure de vote, ces projets ont aussi soumis aux conditions de vote du projet de loi de finances initiale. Néanmoins, ils ne sont pas soumis aux conditions de délai et de mise en vigueur de la loi de finances initiale parce qu'au moment où la loi de finances rectificative est en discussion, la loi de finances de l'année continue d'assurer la continuité de la vie nationale.

[112] V. NGUYEN C. T., *Finances publiques sénégalaises*, *op. cit.*, p. 347.

générale et du plan. Ce rapport fait par un député pour les députés est en théorie un examen critique du projet de loi de règlement pouvant constituer un instrument du renforcement des capacités des parlementaires à apprécier le contenu de la loi de règlement et à exercer en connaissance de cause un vrai contrôle de l'exécution du budget[113].

Dans la réalité, les rapports élaborés par la Commission des Finances de l'Assemblée nationale du Sénégal sont rarement critiques et se bornent plutôt à reprendre de façon furtive dans leurs grandes lignes l'économie générale des projets de loi de règlement tels qu'ils arrivent du ministère de l'Économie et des Finances[114].

---

113 V. à cet égard, CHIROUX R., « *Un élément actif du contrôle parlementaire en matière budgétaire sous la Vé République : le rapport général de la Commission des finances du Sénat* », *in Études de finances publiques, Mélanges en l'honneur de Paul Marie Gaudemet, op. cit.*, p. 223.

114 La technicité de la loi de règlement serait donc la première cause de son délaissement par les parlementaires dépourvus de l'assistance d'experts pouvant leur expliquer les questions de finances publiques. Abdoulaye Baldé relève à ce propos : *« à la décharge des députés sénégalais, il faut souligner que l'aspect trop technique des questions examinées lors du vote de la loi de règlement milite en faveur du désintérêt que beaucoup de parlementaires manifestent à cet égard»*. Nguyen Chan Tam ne partage pas ce point de vue et considère que l'argument de la technicité de la loi de règlement *« n'est pas entièrement fondé dans la mesure où les députés sénégalais bénéficient de l'éclairage très appréciable du juge des comptes qui effectue auparavant toutes les vérifications nécessaires destinées à rendre plus compréhensible la loi de règlement »*. Cette explication de Nguyen Chan Tam est contestable pour Ismaëla Madior FALL (*La loi de règlement dans le droit des finances publiques des États membres de l'UEMOA : l'exemple du Sénégal* in Droit sénégalais, Université de Sciences sociales de Toulouse 1, 2005) pour au moins deux raisons : d'abord, la lecture comparée du contenu des lois de règlement et du contenu des documents y afférents élaborés par la Cour des comptes montre qu'ils sont pareillement empreints de technicité, celle-ci étant même plus marquée du côté des documents provenant de la juridiction des

Au Sénégal, l'historique de l'intervention des lois de règlement de 1967 (année d'intervention de la première loi de règlement) à l'année 2007[115] (année d'intervention de l'adoption des dernières lois de règlement) montre une régularité qui se détériore au fil des années pour devenir une irrégularité dramatique[116]. La période qui va de la « *loi n° 67-22 du 23 mai 1967 portant règlement définitif du budget* »[117] jusqu'à la « *loi n° 76-04 du 25 mars 1976 portant règlement du compte définitif du budget général de l'État, gestion 1972-1973*[118] » montre dans un premier temps une situation normale et par la suite un retard dans le dépôt et l'examen du projet de loi de règlement variable entre deux (2) et trois (3) ans. Cet écart temporel entre l'exécution d'un budget et son règlement va devenir plus important à partir du budget de la gestion 1973-1974 réglé en 1978. On peut constater à partir de là un retard de cinq (5) ans qui va se creuser pour atteindre les huit (8) à dix (10) ans avec la loi 84-60 du 19 juin 1984 portant règlement du compte définitif du budget général gestion 1974-1975[119],

comptes ; ensuite, le contrôle effectué par le juge des comptes étant essentiellement un contrôle de stricte régularité budgétaire avec une argumentation purement comptable n'est pas susceptible d'éclairer les délibérations et décisions des parlementaires préoccupés aussi par l'exercice d'un contrôle de nature politique qui transcende des éléments d'ordre comptable pour embrasser des aspects d'efficacité et d'équité. Il est certain qu'à travers le rapport sur l'exécution de la loi de finances et la déclaration de conformité, la juridiction des comptes joue son rôle d'« *informateur du Parlement* ».

[115] Voir le rapport de la Cour des comptes du Sénégal de 2007.

[116] FALL, I. M., *La loi de règlement dans le droit des finances publiques des États membres de l'UEMOA : l'exemple du Sénégal* in Droit sénégalais, Université de Sciences sociales de Toulouse 1, 2005.

[117] *JORS* du 3 juin 1967, p. 391.

[118] *JORS* du 10 avril 1976, p. 535.

[119] *JORS* du 3 février 1985, p.115. V. dans le même sens, loi 86-01 du 24 janvier 1986 portant règlement définitif du budget de l'État, gestion 1978-1979, in *JORS* du 27 décembre 1986, p. 430.

puis 13 ans avec le règlement du budget de la gestion 1986-1987 en 2000[120]. Cette accentuation du retard exprime à partir d'un certain moment le déclin voire l'oubli de la loi de règlement[121]. Intervenant à des années d'intervalle du budget dont il est chargé d'apurer les comptes, la loi de règlement perd son actualité et de sa portée car les données financières dont il est question ont perdu leur fraîcheur et leur pertinence[122].

En tout cas, cette renonciation des parlementaires à leur pouvoir de contrôle disqualifie la portée de l'autorisation budgétaire et montre que le Parlement n'est plus le titulaire du pouvoir financier échu dans la pratique budgétaire contemporaine à l'Exécutif[123]. Il s'y ajoute, dans le même esprit, l'absence de débats relatifs aux déficiences relevées par la Cour des comptes[124], ce qui pousse la doctrine à se poser un certain nombre d'interrogations quant au rapport entre le parlement et la Cour des comptes[125].

---

[120] FALL, I. M., *op. cit.*

[121] FALL, I. M., *op. cit.*

[122] FALL, I. M., *op. cit.*

[123] À cette translation de fait du pouvoir financier du Législatif à l'Exécutif, s'ajoute la crise du contrôle démocratique des finances publiques qui est pourtant dans la tradition démocratique et dans l'ordonnancement constitutionnel du ressort du Parlement.

[124] En Allemagne ou en Angleterre, les Parlements organisent des réunions hebdomadaires avec des représentants de l'organe financier de contrôle...

[125] Voir sur ce point Ismaëla Madior FALL dans son article précité qui s'est posé un certain nombre de questions : *« La juridiction des comptes informe-t-elle vraiment bien le Parlement pour l'aider à exercer sa mission de contrôle ou cherche-t-il à influencer ce contrôle dans le sens souhaité par elle. Il se pose exactement, en l'occurrence, le problème des rapports entre le contrôle exercé par le juge financier et le contrôle exercé par les représentants du peuple pour savoir s'il y est question d'une complémentarité ou d'une concurrence »*.

*

*   *

En définitive, si le régime parlementaire ne parvient pas à faire prévaloir la sévérité nécessaire dans la répression des abus ministériels en matière de finances publiques, c'est lui-même qui un jour se trouvera atteint dans son crédit[126].

« On ne saurait tolérer que se perpétuent plus longtemps les abus scandaleux et pernicieux, contre lesquels le Sénat, ainsi que la Chambre, n'ont cessé de protester, abus par lesquels, de leur propre autorité, certains ministres – et, le plus souvent, il faut bien le reconnaître, certains bureaux à l'insu de ministres insuffisamment vigilants – ont osé prendre des mesures qui ont eu pour objet d'engager des dépenses énormes sans autorisation législative préalable et de passer outre aux prescriptions formelles des lois de finances, avec l'assurance invétérée d'être couverts par une impunité traditionnelle. Le péril financier est aujourd'hui aussi terrible pour notre nation que le fut, de 1914 à 1918, le péril militaire. De même que pour vaincre il a fallu l'application de lois fortes, de même pour rétablir nos finances il faudra l'impitoyable répression du gaspillage des deniers publics à tous les degrés et devant toutes les juridictions[127] ».

Ces extraits de la présentation faite par le rapporteur général du texte devant le Sénat montre toute l'importance du Parlement qui ne doit plus être mis, exécution après exécution de chaque loi de finances, devant le fait accompli

---

[126] Rapport fait au nom de la commission des finances du Sénat, chargée d'examiner la proposition de loi adoptée par la Chambre des députés, relative à l'organisation du contrôle des dépenses engagées, séance du 9 juin 1922.
[127]Eod. loc.

de dépassements colossaux de l'autorisation de dépenses accordée au moment du vote.

Au Sénégal, il existe des pouvoirs réels du parlement en matière budgétaire qui constituent des armes certaines pour imposer à l'exécutif une discipline financière et budgétaire. Mais ces pouvoirs qui ont constitué pendant longtemps la clé de voûte du droit financier, se sont considérablement transformés.

Ainsi, il convient de préciser que le modèle classique sous lequel on se représente les actes budgétaires n'est pas concevable. En réalité, la pratique budgétaire montre dans le cadre de l'exécution de loi de finances, le gouvernement utilise le pouvoir réglementaire au-delà des limites légales qui lui sont assignées. Ce qui dénie aux pouvoirs budgétaires du parlement sénégalais une portée juridique précise car la loi de finances n'est plus qu'un état de prévisions globales qui peut être sans cesse remanié selon les besoins de l'exécutif.

Même si l'intervention du parlement conserve encore une utilité indéniable qui résulte d'une tradition politique vivace à la laquelle sont attachés les parlementaires et l'opinion publique, il convient de noter que ces pouvoirs budgétaires du parlement sont pratiquement restreints.

Structures éditoriales du groupe L'Harmattan

L'Harmattan Italie
Via degli Artisti, 15
10124 Torino
harmattan.italia@gmail.com

L'Harmattan Hongrie
Kossuth l. u. 14-16.
1053 Budapest
harmattan@harmattan.hu

L'Harmattan Sénégal
10 VDN en face Mermoz
BP 45034 Dakar-Fann
senharmattan@gmail.com

L'Harmattan Cameroun
TSINGA/FECAFOOT
BP 11486 Yaoundé
inkoukam@gmail.com

L'Harmattan Burkina Faso
Achille Somé – tengnule@hotmail.fr

L'Harmattan Guinée
Almamya, rue KA 028 OKB Agency
BP 3470 Conakry
harmattanguinee@yahoo.fr

L'Harmattan RDC
185, avenue Nyangwe
Commune de Lingwala – Kinshasa
matangilamusadila@yahoo.fr

L'Harmattan Congo
67, boulevard Denis-Sassou-N'Guesso
BP 2874 Brazzaville
harmattan.congo@yahoo.fr

L'Harmattan Mali
ACI 2000 - Immeuble Mgr Jean Marie Cisse
Bureau 10
BP 145 Bamako-Mali
mali@harmattan.fr

L'Harmattan Togo
Djidjole – Lomé
Maison Amela
face EPP BATOME
ddamela@aol.com

L'Harmattan Côte d'Ivoire
Résidence Karl – Cité des Arts
Abidjan-Cocody
03 BP 1588 Abidjan
espace_harmattan.ci@hotmail.fr

Nos librairies en France

Librairie internationale
16, rue des Écoles
75005 Paris
librairie.internationale@harmattan.fr
01 40 46 79 11
www.librairieharmattan.com

Librairie des savoirs
21, rue des Écoles
75005 Paris
librairie.sh@harmattan.fr
01 46 34 13 71
www.librairieharmattansh.com

Librairie Le Lucernaire
53, rue Notre-Dame-des-Champs
75006 Paris
librairie@lucernaire.fr
01 42 22 67 13

www.ingramcontent.com/pod-product-compliance
Lightning Source LLC
LaVergne TN
LVHW021224061026
849535LV00008B/2907
* 9 7 8 2 3 3 6 4 0 3 2 3 6 *